當通貨緊縮步步逼近
如何布局才能兼

U0040705

後疫情時代的
經濟走向與
投資策略

韓國最大商業銀行前首席經濟學家

洪椿旭 홍춘욱 ——— 著　徐若英 ——— 譯

商周出版

目錄
CONTENTS

吳惠林／中華經濟研究院特約研究員

　　2020年元月爆發的新冠肺炎，一下子就傳遍全世界。全球經歷自1353年的黑死病以來死亡人數第五多，也是自1957年亞洲流感以來死亡人數最多的瘟疫。全世界陷於1929年到1940年的經濟大恐慌、大蕭條以來，最嚴重的經濟大蕭條和通貨緊縮。

瘟疫肆虐全球

　　各國採取的隔離措施和商業封鎖帶來的孤立、憤怒和焦慮，已在2020年夏季點燃美國紐約、西雅圖和世界各地城市的和平示威和激進暴力，而醫療、經濟和社會混亂也接踵而至。儘管台灣是防疫楷模，在處理和控制病毒疫情上做得相對好，但瘟疫畢竟是全球性的，即使我們自己能處理好，也會受到美國、中國、歐洲、巴西和日本等經濟體封鎖造成的全球性蕭條影響，對出口和供應鏈難免造成傷害。畢竟所有貿易國都彼此連結，儘管全球化式微，但瘟疫全球化卻無法倖免。

　　據各方反應，瘟疫的效應將持續很長時間，而且瘟疫還

會再發。即使病毒終究被控制下來，我們的生活也無法返回原樣。

有專家指出，未來許多年我們將增加儲蓄、減少消費和避免許多聚集大量人群的交通方式，重啟商業並不意味消費者會大量湧進商店以補償減少的消費。許多與瘟疫有關的生產損失是永久性的，許多失去的工作將一去不回。也就是說，瘟疫後的世界，將不再是2020年1月新冠肺炎開始大範圍散播時的世界。那麼，後瘟疫時代的世界會是什麼情況呢？我們將如何因應？

通貨緊縮、經濟蕭條的世界

韓國最傑出的經濟學家洪椿旭在這本新書中，告訴我們疫情衝擊全球經濟，通貨緊縮或經濟大衰退蠢蠢欲動，而且可能會持續一段長時間。本書提供世人如何戰勝通縮風險、選對投資策略、保障個人資產的方法。

洪椿旭指出，由於今後一段時間會保持低利率、擴大財政支出的狀態，個人可以持續關注股票和不動產等風險資產，並指出想要逢低買進的投資人應該掌握的企業類型。為了使投資者能夠適應變化的環境，書中還針對不同需求分成了進攻型、中立型、穩定型三種投資組合策略。

洪椿旭認為，政府要想儘快擺脫因疫情而引發的經濟低迷局面，就應該擺脫只想要推行「效果已得到驗證的經濟

政策」的執著，立刻推行釋放資金的強有力的金融及財政政策。根據不同情況，甚至可能要積極實施第二、三次財政政策，這一果斷措施的效果將會帶來經濟的強力復甦。

2001年九一一恐怖事件發生時，很多經濟學家預測，景氣和股市將會長期蕭條；但現實並非如此，美國經濟和股市很快復甦。洪椿旭認為，是「政策」和「戰爭」發揮了效果。美國央行將政策利率下調至1%，布希政府宣布發動「反恐戰爭」後向阿富汗和伊拉克派遣大規模兵力，這些都成為經濟復甦的引線。

疫情前已出現通縮信號

新冠肺炎被認定是通貨緊縮的導火線，但實際上，通貨緊縮早已來到。洪椿旭之所以下決心寫這本書，是因為韓國2019年的消費者物價上漲率出現了「負成長」。雖然是暫時的，但消費者物價上漲率竟然是負數，這已經是經濟陷入通貨緊縮的訊號。因此，作者決定透過本書詳細介紹通貨緊縮的衝擊與影響，乃至引發通貨緊縮的原因。

本書分成十章，第1章審視了通貨緊縮之所以危險的三個理由；第2章闡述中美貿易糾紛引發通貨膨脹的可能性；第3章介紹了1990年代以後美國經濟出現的三種變化；第4章剖析了美國和歐洲曾投入那麼多錢，為什麼物價卻沒有上漲；第5章分析了當前是否會像2000年代中期一樣，因原物

料（尤其是油價）的暴漲，而發生劇烈的通貨膨脹；第6章強調，為了對抗疫情帶來的通貨緊縮，不僅需要政府和中央銀行果斷的貨幣政策，還需要積極的財政政策；第7、8章強調在低利率環境下，美國股票、韓國的部分股票、部分不動產市場的魅力會大大提高，還推薦了疫情後經濟復甦時，值得投資人關注的企業類型；第9章驗證可能會中斷資產市場復甦的潛在因素，並讓讀者掌握股票等資產市場反彈的訊號；第10章剖析不同需求下相應的資產配置策略。

對於通貨緊縮的迷思

　　洪椿旭懷抱「溫暖的心」，看到國家面臨通縮危機，急切地寫出拯救經濟和人民的錦囊妙計，不只韓國人，其他各國人士都可參考，因為全球都面臨同樣的情勢。不過，必須以「冷靜的腦」思考是否全盤接受，或應反向操作。

　　平實地說，洪椿旭建議的政策正是當前各國普遍採行的「紓困政策」，也就是政府「大撒幣」，一方面刺激需求，一方面促漲物價讓業者有利可圖，進而增聘勞工、解決失業問題並提升工資。不過，這可能是「本末倒置」的做法，是「倒果為因」之下的作為，將會「治絲益棼」，似乎解決「短痛」卻造成「長痛」的下場。畢竟這是自1930年代全球經濟大恐慌或通貨緊縮以來就採用的「政府創造有效需求」的紓困政策，簡單地說，就是「政府印鈔」，而且隨著金融風暴

或大蕭條的出現，印鈔力度越來越大，方式也更多樣。

　　如今已是「零利率」、甚至「負利率」的局面，逼得很多「有儲蓄者」買保險箱自行存錢，而且省吃儉用維持起碼的「維生消費」。另一方面金融機構和大財團、大企業大演「五鬼搬運法」，將鈔票大量搬到少數富人和業者手中，從事「財務操作」，股市、房市等等資產炒作強強滾。於是貧富差距擴大、實質生產停滯、消費者物價低迷，而「金融深化」、甚至「金融詛咒」或「金融病毒」也來到，不但「通縮」局面沒完沒了，也鋪就了通往毀滅之路！

　　必須記住的是，「通縮」是一種現象，是一種結果，更是一種「警示」，是要敲醒世人反省做錯了什麼，在得到「正面教訓」後，趕緊改正錯誤回復正常、健康。要強調的是，在改錯過程中是必須「支付代價」的，而且代價可能很高，不可能毫無痛苦地復原。

　　不過，令人難過和遺憾的是，由斑斑史跡可知，人類似乎都從歷史得到「反面的教訓」，於是一錯再錯，而「印鈔救市」、「大撒幣」、「政府創造有效需求」的手法一而再而且加大力度地使用，就是典型例子。

　　看來，「歷史的教訓就是從來沒從歷史中得到教訓」，誠不虛也！

前言　戰勝通貨緊縮風險的投資方法

　　2001年9月11日，美國史上第一次發生一連串恐怖攻擊事件，當時我只是剛入行的經濟學者，雖然經濟學者是從事預估股價、匯率及利率等經濟指標工作的人，但是生平第一次遇到那麼複雜的局勢，一個入行才五年的經濟學者會感到不知所措，或許是理所當然的事。那個時候我幾乎天天加夜班趕報告，但努力卻未能得到應得的補償，局勢發展偏離我的預期。以下是我概略整理出當時的報告和輿論訪談的內容。

　　「九一一恐怖攻擊事件可能會對外部活動造成重大影響，造成消費者信心受到重創，這樣的消費萎縮很可能造成企業連鎖破產，甚至出現大量失業人口，導致長期經濟陷入衰退。」

　　新冠肺炎（COVID-19）爆發以來，這種事不是早已見怪不怪了嗎？然而，事實並非如此。

● 九一一恐怖攻擊後，美國如何從恐慌中扭轉局勢？

　　從下圖可看見九一一攻擊事件前後，美國股價指數與經濟成長率的關係，美國股市在九一一恐怖攻擊事件後陷入恐慌而急劇下跌，但是後續發展卻出乎意料，不但經濟成長率急速反彈，股市也在差不多六個月內上漲近30%。

　　不過，2002年春天爆發美國能源公司安隆（Enron）醜聞案，導致股價再度下滑。2001年底，美國最具代表性的能源企業，旗下擁有七大子公司的安隆宣告破產，多年的地

九一一恐怖攻擊事件前後，美國股市與經濟成長率的關係　　資料來源：聖路易斯聯邦儲備銀行

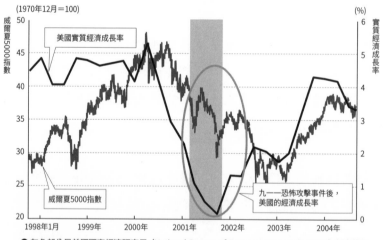

● 灰色部分是美國國家經濟研究局（National Bureau of Economic Research, NBER）判定的經濟衰退時期。

● 威爾夏5000指數（Wilshire 5000）是在美國進行交易所有股票的綜合股價指數，而非交易所指數，呈現美國整體的股市動向。

後疫情時代的經濟走向與投資策略

下帳本被掀開，導致人們對整體美國股市的不信任。儘管如此，美國經濟依然呈現持續成長的局勢。

到這裡，可能有不少讀者會想到一個問題：

> 「紐約世貿中心和鄰近華盛頓的國防部五角大廈等主要建築物都遭受連鎖性恐怖攻擊，造成日常經濟活動全面中斷，究竟怎麼樣才讓經濟成長得以復甦？」

關鍵是「政策」與「戰爭」。美國聯邦儲備理事會（下稱「聯準會」，即中央銀行）把政策利率調降到1%，喬治·布希（George Bush）政府緊接著宣布展開「反恐戰爭」，同時在阿富汗和伊拉克部署兵力，正是讓景氣復甦的誘因，也就是中央銀行開始增加貨幣供給，提高人們對通貨膨脹的期待，並透過「反恐戰爭」明確指出敵人，因而促成經濟成長。

◉ 若要讓疫情後的景氣回升，不管什麼方法，立刻去做就對了！

讓我們回到現況，近期發生的新冠肺炎疫情預估可能帶來更甚於九一一恐怖攻擊事件的衝擊，原因在於九一一恐怖攻擊事件後，約莫三個月便成功安撫民心，但新冠肺炎爆發卻可能帶來更長期的負面影響，雪上加霜的是，實施圍堵政策（Containment Policy）的國家都極有可能面臨經濟停滯的困境。

下圖摘錄自由堪稱華盛頓智囊團的經濟政策研究中心（Center for Economic Policy Research, CPER）的多位學者，包括法國經濟學家奧利維爾‧布蘭查德（Olivier Blanchard）等國際級經濟學者，通力完成的「新型冠狀病毒造成的經濟危機應對方案：不管什麼方法，現在立刻去做就對了。」[1]

　　圖中淺灰色區塊的縱軸是新冠肺炎最新確診人數，下面深灰色區塊的縱軸則是經濟衰退程度。從縱軸的灰色區塊往上浮

圍堵政策與傳染病及經濟衰退曲線的關係
資料來源：理查‧鮑德溫（Richard Baldwin）、貝特里絲‧韋德爾‧迪莫洛（Beatrice Weder di Mauro）等（2020年3月18日）

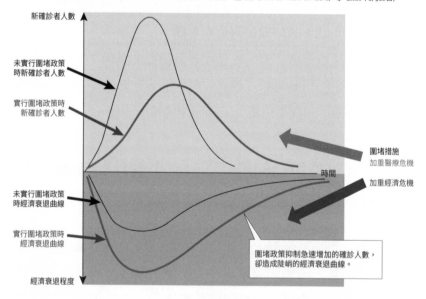

1　Richard Baldwin, Beatrice Weder di Mauro et al. (2020.3.18.), "Mitigating the COVID Economic Crisis: Act Fast and Do Whatever It Takes".

動的兩條曲線可看出，各國如何控制新冠肺炎疫情。

　　細線是未採取圍堵政策的國家，在這種情況下，新確診病例可能會持續增加；相反地，粗線是政府採取圍堵政策的情況，短短數週內，學校、工廠及公司行號紛紛歇業、限制人們的活動範圍、管制經濟活動等，以強力的圍堵政策抑制患者增加。

　　但可惜的是，這兩種措施都事與願違，反而造成經濟衝擊。縱軸的淺灰色區塊上，細線和粗線顯示經濟衰退的程度。不採取圍堵政策，要求確診者與接觸者採取隔離方式、保持社交距離等措施來抑制疫情的國家（細線），受到經濟衰退的衝擊較輕微，原因是多數人仍從事正常的經濟活動；相反地，基於抑制疫情而採取圍堵政策的國家（粗線），雖然因此減少新確診病例，卻也面臨嚴重的經濟衰退，因為在學校、工廠及公司行號關門之際，經濟活動停擺的過程中，經濟成長率將會開始急劇下滑。

　　圖中可明確看出這個問題，世界各國都將面臨經濟上的嚴重打擊。全球經濟學者紛紛提出勸告，世界各國應該摒棄對「已驗證效果的經濟政策」之執著，讓資金得以盡快流通。

　　撒錢的方法和九一一恐怖攻擊事件時一樣，中央銀行下修政策利率，然後由政府對資金的流通鬆綁。

　　也就是說，九一一恐怖攻擊事件後，2001年把錢都用來打仗了，2020年政府就應該針對因為新冠肺炎而面臨倒閉的企業，或是處於失業危機的勞工提供紓困金。

更進一步來說，好比為了打勝仗而集中兵力是必要的事，為了打贏和病毒的戰爭，本書即將出版時（2020年4月），政府也應該立刻集中火力來撒錢。如此一來，這場戰爭的報價會像九一一恐怖攻擊事件後，經濟以「強勁的景氣復甦」回歸。

◉ 持續落實其他政策，讓經濟回歸正軌

只靠上述措施當然不可能順利平息新冠肺炎疫情造成的動盪，經濟也不可能因此重新百分之百回到常軌。更重要的是，因為社交距離造成嚴重的社會／經濟打擊而驚慌的各國政府，紛紛急於「回歸正常」的結果，將無力應付疫情二次擴散的危險。

下頁圖是1918年西班牙流感席捲全球時，發生在美國科羅拉多州丹佛的疫情情況（兩年來，有3,000萬至5,000萬人死於全球流行的西班牙流感[2]）。圖中縱軸是以週為單位，每十萬人中非自然死亡的人數，可看出與往年同期相較之下的死亡人數。

橫軸的「灰色區塊」是學校實施的停課期間（學校停課），可看出1918年11月因西班牙流感的死亡人數開始減少後，學校恢復上課的情況。

2　*NY Times* (2020.3.16.), "Coronavirus Is Very Different From the Spanish Flu of 1918. Here's How".

　　不過，這時候西班牙流感的死亡人數（非自然死亡者）卻開始爆增，急於開學的結果奪走無數人的生命。如果這一次情況也如同1918年丹佛的經歷，社會／經濟方面的衝擊將會難以想像。更重要的是，不但可能無限期延長社交隔離，人們對傳染病的恐懼也會像火苗一樣蔓延。

　　因此，如果要成功克服新冠肺炎造成的衝擊，不但要拿出適當的貨幣／財政政策，更要致力於治療藥物的研發，並且防止二次擴散。我還認為，應該積極落實其他財政政策。

　　看到這裡，很多讀者可能會有這樣的疑問：

1918年西班牙流感全球流行時，美國丹佛週間非自然死亡者數值曲線

資料來源：鮑德溫、迪莫洛等（2020年3月18日）

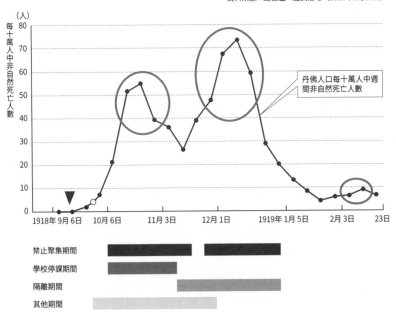

「政府鬆綁資金流通會不會變成通貨膨脹？如果通貨膨脹造成利率暴漲，政府財政會不會完蛋了？」

　　會這麼想是很合理的，不過我認為，不只是韓國，全世界都已經遭遇物價持續下滑的通貨緊縮（Deflation）壓力，勝過物價持續上漲的通貨膨脹（Inflation）局面，而這次的新冠肺炎疫情必定會更加深這樣的氛圍，因為疫情影響，造成美國等主要已開發國家經濟用途的工廠設備與勞力供過於求的危機攀升。為了檢視這個問題，要回顧一下2008年的經驗。

◉ 2008年全球金融危機的教訓

　　下圖顯示美國潛在國內生產毛額（Gross Domestic Product, GDP）、實質國內生產毛額，以及國內生產毛額缺口之間的關係，第1章將深入探討這些指標。簡單來說，潛在國內生產毛額是當一國充分運用勞力與資本時，才能達到的國內生產毛額；國內生產毛額缺口代表的，則是實質國內生產毛額和潛在國內生產毛額的差距，國內生產毛額缺口為負數時，意謂經濟設備和勞力都是過剩的狀態。

　　順帶一提，2008年發生全球金融危機後，直到2014年為止，美國國內生產毛額缺口始終無法擺脫負數水準，亦即衝擊是一時的，但經濟影響卻是長期的。美國聯準會從2015年開始之所以努力想要提高政策利率，就是希望能把國內生

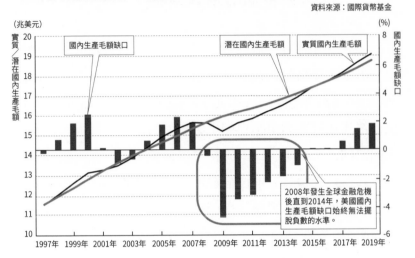

2008年全球金融危機前後，美國國內生產毛額和國內生產毛額缺口曲線

資料來源：國際貨幣基金

產毛額缺口轉正（2015年12月16日，爆發金融危機以來首度提高政策利率）。沒有人能斷定，新冠肺炎疫情的衝擊會發展到什麼程度，但可以確定的是，無法排除美國經濟將創下最大負成長的可能性，因此未來幾年，美國等全球經濟體恐將陷入通貨緊縮的危機。

「物價不上漲不是很好嗎？」

可能也有人會這麼認為，只是看看1990年後日本經歷的事件，大家應該就能明白這個問題並不如想像中那麼容易解決。

◉ 為什麼人們會擔心通貨緊縮？

1990年下半年，我首度造訪日本時，對當地的昂貴物價十分震撼，最具代表性的例子是計程車收費，基本車資高達600日圓（約為新台幣170元），還清楚記得跳錶的速度之快，讓我在行進的車子裡如坐針氈。可是，聽最近到日本遊玩回來的人都說：「日本的物價很便宜。」計程車收費或電車車票還是一樣貴，但住宿費或食品的價格卻變得很平價，之所以會出現這種現象，是因為過去二十五年來，日本消費者物價一直在原地踏步。

站在消費者的立場，生活必需品不漲價當然好，但是從整個經濟面而言，卻會造成以下兩個問題。

第一，通貨緊縮是「長期經濟衰退」造成的現象。舉例來說，一家汽車公司具備生產100萬輛汽車的產能（Capacity），假設銷售量只有90萬輛，會發生什麼問題？該公司可能會降低產品售價，甚至考慮解僱兼職人員。

如果這種情況持續超過二至三年，而不是只有一年，又會如何？也許該公司的汽車售價會持續調降，而且可能連正職員工也要面臨被解僱的危機。以消費者的立場來說，汽車售價當然是越便宜越好，只是員工被解僱，企業經營困難，被迫廉價出售汽車，以求扭轉不理想的銷售量，真的會有利於經濟嗎？

第二，消費和投資都將連鎖性凍結。試著想像一下！在產品價格確實會繼續下跌的情況下，還會有人願意支付正常價格購買東西嗎？一旦人們期待物價持續下跌的想法確定，企業就很難繼續維持開發新產品的意願，如此一來，狂熱分子的瘋狂採購行為，以及經過這群人口耳相傳，促使人們搶購熱銷商品的良性循環等於完全被封殺。換句話說，通貨緊縮一旦開始，必定會造成持續的惡性經濟循環，企業將疏於創新，甚至解僱員工，一般家庭也會開始減少消費，積極儲蓄。

我們和通貨緊縮的距離比想像中近

我不是指韓國已經像日本一樣陷入通貨緊縮的惡性循環，只是想說明一件事，就是2019年韓國消費者物價上漲率停在0.4%，這可能只是一時的，但我們卻不能無視負成長的現象[3]。尤其是新冠肺炎造成的衝擊，可說是讓韓國經濟成長的「外銷」引擎運作受阻，日益加劇的通貨緊縮危機，更造成飲食、住宿、旅遊、零售業等主要內需產業，也都陷入倒閉的危險。

此外，一旦物價水準歸零、低利率現象陷入膠著狀態，勢必也會引發資產市場莫大變化。美國股市在受到新冠肺炎影響而慘跌前，之所以能保持十一年的上漲榮景，說到底就是史

3　韓國統計處，「2019年9月消費者物價動向」，2019年10月1日。

無前例的低利率提高企業獲利，資金從債券市場轉移到股市的緣故。韓國也曾出現同樣的現象，首爾的房價在2014年後連續六年上漲，而低物價、低利率現象就產生很大的影響。

◉ 房價飛漲，物價上漲率怎麼還是很低？

等一下！看到這裡，可能讀者會有以下的疑問：

> 「這幾年房價上漲得這麼高，消費者物價上漲率怎麼還是這麼低？竟然還是負成長！」

關於這個問題，簡單來說就是核算消費者物價指數或生產者物價指數時並未包含「房價」，核算物價時，包括年租金或月租金等這些房租，而非房價；也就是說，了解物價動向時，重要的是注意年租金或月租金的變化[4]。包含消費者物價在內的房租比例才只有9.37%，最近韓國的年租金和月租金價格都趨於穩定，造成房價飆漲，但消費者物價上漲率還是停留在負成長水準（關於房價，第8章會有更詳盡的探討）。

儘管消費者物價上漲率低於目標水準（2%），掌管物價穩定的主管當局韓國銀行卻是一派淡然，每年發表經濟展望

4　也有人認為消費者物價就應該包括房價，而不是只算月租金或年租金這些房租，但是回歸到原本主要是調查消費者支出中最高比重項目為目的而言，我認為應該是以房租作為核算的基準，而非房價。參見韓國統計處官方網站，「如果房價上漲，消費者物價指數也會上升嗎？」。

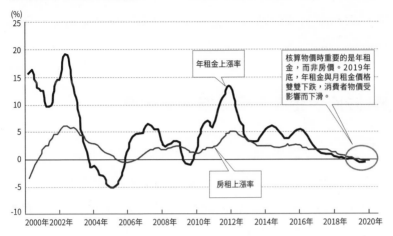

韓國房租與年租金上漲率曲線　　　資料來源：韓國銀行經濟統計系統（ECOS）、KB國民銀行

年租金上漲率

核算物價時重要的是年租金，而非房價。2019年底，年租金與月金價格雙雙下跌，消費者物價受影響而下滑。

房租上漲率

時，總是先提出樂觀的物價願景，然後三不五時地反覆下修。

　　最具代表性的例子是2019年7月的經濟展望[5]，當時韓國銀行預估2019年消費者物價上漲率將達到0.7%，其實這是把2018年10月的預估值從1.6%下修到0.9%的結果[6]。順帶一提，2019年實際年度消費者物價上漲率也只有0.4%。

　　並不是只有2019年發生這種情況，2017年10月發表的「經濟展望報告」中，預估2018年消費者物價上漲率將達到1.8%，但實際上卻只有1.5%就停滯不前了[7]。

　　因此，個人和企業也只能自求多福。為因應新冠肺炎的

5　韓國銀行，「經濟展望報告」，2019年7月。

6　韓國銀行，「經濟展望報告」，2018年10月。

7　韓國銀行，「經濟展望報告」，2017年10月。

衝擊，當然調降基本利率，並編列追加修正預算案，可惜調
降基本利率的時間點和追加修正預算案的規模卻有諸多不足
之處。

◉ 政府、企業及個人該如何因應？

　　我是在金融市場上打滾多年的經濟學者，認為「理財」
是突破危機時代的最佳武器，也就是我們都要開始思考，當
低物價、低利率的情況持續時，應該投資什麼資產才有希
望，甚至一旦通貨緊縮的危機化為事實時，又該投資哪一種
資產較為可靠。

　　所有的展望都必須有所依據，在本書中幾乎占據一半分
量的**第1章到第5章，將探討無論全世界的中央銀行多麼努
力地促進資金流通，物價卻始終不見回溫的怪異現象**。最近
「貧富不均」的全球性議題被視為造成通貨緊縮的原因，對
這部分感興趣的讀者也不妨一讀為快。

　　**第6章要預測政府和中央銀行會採取什麼經濟政策來因
應通貨緊縮**。我想這部分最有可能出現極大的落差，假使政
府採取降低利率等擴張性貨幣政策外，還實行積極的擴張性
財政政策，過程中隨時可能基於政治局勢的變化而有所改
變，最具代表性的例子是2010年前後日本的經濟政策。

　　當時日本民主黨政府極力逃避編擬全球金融危機後發生

的經濟停滯因應財政政策[8]，儘管已深陷長期經濟衰退的泥沼，仍試圖保全恪遵「財政健全化」的公眾形象，不過2011年卻發生東日本大地震，導致經濟陷入連鎖惡性循環而敗選。第6章的展望可說是滿載「我祈願」的告白。

第7章與第8章要談的是股票和不動產市場的未來。 當低物價、低利率長期化時，資產市場必定也會受到波及，讓各位試著了解低利率條件登場時，可能對股票和不動產市場帶來的影響，慢慢就能學會掌握哪種股票或不動產值得投資。更重要的是，指出在不動產市場上房屋供給量的變化，不亞於「價格」變數的決定性影響論點，將會是第8章的精彩之處。

尤其是我將強調低利率局勢下，不動產投資極具魅力這一點。縱使不認同所謂被「勾魂」（意指「連靈魂也淪陷」）似地無意識投資房地產，但是基於因應新冠肺炎，而在市場重整下活用適當的槓桿原理購置房地產，不但能提高生活品質，從理財收益的層面來看，最終都不算是糟糕的選擇。

當然，沒有人能保證這個展望不會有任何閃失，因此**第9章將針對第6章提出，關於人們對通貨再膨脹政策的期待破滅，尤其是可能導致經濟破局的潛在危機因素加以剖析。** 關於最近發生的新冠肺炎影響，以及受到波及的主要企業負債危機和中國負債危機的可能性，也都會一一加以檢視。對

8　禹俊熙（音譯），〈日本民主黨的執政與反對黨政策的兩難〉、《國家策略》18卷3期，世宗研究所出版，2012年。

「經營」感興趣的相關企業管理階層，不妨看看第9章，其中特別列出新冠肺炎衝擊後，景氣即復甦之際，伺機逢低買進的投資人需要關注的企業類型。

第10章談的是策略型、中立型、穩定型三種投資組合。會提出這些投資組合是基於兩個理由：首先，即使已經擁有房地產的投資人，如果想規劃老年生活，在低利率環境下，運用合適資產配置投資也是十分必要的；其次，尚未置產的投資人也可以藉由合適的資產配置，準備需要的種子資金。

策略型投資組合適合樂觀看待資產市場的人或年輕的投資者，這是高風險卻十分簡明的投資方法，像是挪威政府全球退休主權基金（Government Pension Fund Global, GPFG）等，是全球投資人都從中取得高獲利的策略，希望讀者一定要一睹為快。

中立型投資組合是曾讓韓國在2001年後創下平均高達6.3%驚人年收益的策略，對於無法負擔策略型投資組合的人來說是不錯的選擇，我本身也透過這種投資組合操作資產。

最後，關於**穩定型投資組合**則可以參考日本政府養老金投資基金（Government Pension Investment Fund, GPIF）一直運用到2013年為止的投資組合。這種投資組合主要是將國內外債券的比例提高到70%，即便全球經濟落入通貨緊縮的泥沼，透過這種投資組合依然值得期待獲利，這種投資組合可說是想藉由投資期待穩定年金收入的保守型投資者的最佳策略。

　　最後，我想感謝促成本書問世的夥伴，耐心等待書稿的SMART BOOK相關工作人員，幫忙把十章資產配置策略一一檢視，並加以彙整的編輯金成一（音譯），傾力提供寶貴資訊的證券分析師韓智英（音譯）與助理崔載源（音譯），在此表達最由衷的感謝。最後，還要感謝一心希望兒子心想事成的母親和親愛的妹妹們，也感謝辛勤照顧兩個兒子載訓（音譯）與佑進（音譯）的妻子。

2020年4月

洪椿旭

第 1 章

物價下跌的原因

——不能忽視通貨緊縮的三個理由

最近「通貨緊縮」一詞經常出現在輿論中，可能是2019年消費者物價上漲率停在0.4%，雖然短暫但創下負成長紀錄造成很大影響的緣故。

這裡的消費者物價是指，人們生活相關用品或服務的價格變動。例如，十年前一袋米的價格是5萬韓元，現在則是10萬韓元，可以看出這段時間物價上漲100%。實際上，一些經濟學家會基於了解朝鮮時代或羅馬時代的物價波動，長期追蹤米或小麥價格的變化。不過，光是以米價推測物價變化，會衍生幾個問題。

第一個問題是，除了米之外，還有其他同等重要的品項，如韓國人的整體消費中，比例最高的支出分別是住宅、水費、電費、燃料等，也就是房租和水費、電費等占整體消費約16.6%。因此，如果部分物價提高10%，即便其他的物價完全不變，整體消費者物價也一樣會上漲1.66%。此外，除了住宅、水費、電費、燃料外，飲食和住宿部分的比例是13.2%，如果這部分的價格提高10%，即便其他物價完全不變，消費者物價也一樣會上漲1.32%。

推測消費者物價時，必須考量的第二個問題是，人們消費模式的變化。過去所得水準不高的時代，包括米在內的食品消費占絕對比例，不過最近食品在整體消費中占據的比例逐漸減少。這種消費模式的變化也會反映在消費者物價層面，食品、非主流飲料的比例在2020年不過才占13.8%。

韓國統計處依據2017年的消費支出調查，變更各品項

的比例，2010年飲食、住宿占12.0%，但是2017年卻提高到13.2%[9]。可以看出人們不再像以往都在家裡開伙，而是出現依賴外食或叫外賣的傾向。無論是韓國統計處或美國勞工統計局等追蹤消費者物價的主管單位，隨時都在掌握消費變化，調整比例，努力確實反映物價變化。

以這個概念為例，分析2019年消費者物價動向，可以發現農畜產品物價暴跌造成極大的影響。從韓國統計處提供的品項參與度來看，2019年消費者物價上漲0.37%，但是農畜產品物價卻創下−0.13%[10]。這裡的參與度是指，推測各部分變化對整體物價或成長方面造成某種影響的指標。例如，2019年第4季，韓國經濟在整年度中與同期相比，成長2.0%，也就是政府的財政支出貢獻成長率的一半，為1.0%，亦即政府的財政支出以外其他部分（出口、內需等）的成長貢獻度不過才1.0%。最後假設農畜產品的物價沒有變動，2019年消費者物價上漲率就是0.5%。

韓國統計處針對2019年農畜產品價格暴跌的問題提出說明，是因為前年2018年夏天受酷暑影響，農畜產品價格暴漲，後來隨之而來的基數效應（Base Effect）[11]，使得2019年夏天的物價趨於穩定，當局的說法相當合理（可參見

9　韓國統計處，「2017年基準消費者物價指數加權值整編結果」，2018年12月18日。

10　韓國統計處「2019年12月與年度消費者物價動向」，2019年12月31日。

11　編注：由於前一年度的經濟數據受某些特定因素影響，而出現大幅變動，就會使得隔年的數據出現高度成長或下降的異常情況。

下圖）。實際上，次月（即2019年10月）隨著基數效應的消弭，消費者物價上漲率也跟著轉弱，但還是創下正成長的紀錄。

韓國消費者物價與食品物價曲線　　　　資料來源：韓國銀行經濟統計系統

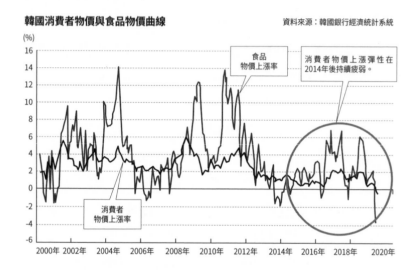

儘管如此，不免還是有一個疑問：

「即便農畜產品的物價沒有太大變動，但是2019年農畜產品以外的消費者物價上漲率仍維持在0.5%，真的不會有任何問題嗎？會不會有通貨緊縮的危險？」

讓我們再想想這個問題。

01 國內生產毛額缺口負成長

◉ 消費者物價上漲彈性疲弱

　　不能忽視通貨緊縮危機最大的原因是，消費者物價上漲率在2013年後以年度為單位，一次都沒有達到韓國銀行的物價目標水準（2.0%），也就是並非只有2019年夏季物價短暫下跌，從上頁的圖形中可以看出，我們必須注意，從2013年後消費者物價上漲彈性持續疲弱。

　　物價上漲率之所以幾年來持續疲弱，包括油價在內的國際商品價格下跌是最大的影響，但是韓國國內生產毛額缺口持續創下負成長紀錄，更是另一個不容忽視的事實。究竟什麼是國內生產毛額缺口？和物價有什麼關聯？國內生產毛額缺口負成長又代表什麼意義？

◉ 國內生產毛額缺口呈現負成長

　　所謂國內生產毛額缺口是指，潛在國內生產毛額缺口與實質國內生產毛額缺口的差距，是呈現景氣過熱或停滯狀態的基準。為了容易理解國內生產毛額缺口與物價之間的關係，舉一個汽車公司的例子作為說明。

假設B汽車公司擁有每年製造100萬輛汽車的能力，也就是每年有100萬輛產能的大規模公司。

由於新車款十分暢銷，突然收到120萬輛的大訂單會如何？1980年代後期和1990年代初期的韓國就經常發生這種情形。

1989年為了購買一輛現代汽車（Hyundai）推出的新車款Sonata，我和先父一起去了展示中心，聽到「現在訂購要等半年以上才能交車」，直到如今都記憶猶新，當時業務員告訴我：「如果是標準配備的話，一個月內就能取車了。」其實，我知道這是在不著痕跡地提高價格。因為難以提高既定價格時減少優惠，或是引導顧客購買利潤高的款式，來銷售商品的情形很常見。

相反地，如果B汽車公司的車子賣不出去時又會如何？

一開始可能會祭出免費贈送導航或行車記錄器等汽車配件，以求加大購買誘因，假使這麼做，車子還是賣不出去，最後就只能採取減少營運支出的方法。首先，可能會解僱兼職人員，如果還是等不到購車需求，接下來也許就是資遣正職員工。以上是最近一些韓國汽車公司實際上正在進行，或是早就開始採取的做法。

透過這個例子，可以了解當任何一國的需求多於產能時，就會帶動經濟；相反地，需求低於產能時，則會減少人員僱用，通貨膨脹的力道也會隨之減弱。

這裡的「產能」就是潛在國內生產毛額，潛在國內生產毛額可以視為一國運用具備的人力與設備達到的最大成果，

實質國內生產毛額減去潛在國內生產毛額後，就是國內生產毛額缺口。換言之，國內生產毛額缺口正成長時，物價可能會上漲；相反地，國內生產毛額缺口負成長時，物價就難以攀升，隨之而來的就是「通貨緊縮」的時代。

韓國國內生產毛額缺口與消費者物價上漲率曲線　　　　資料來源：國際貨幣基金

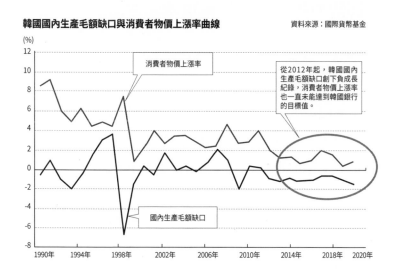

問題是韓國在2012年後國內生產毛額缺口持續負成長，整體經濟通貨膨脹的力道自然也就減弱了。國際貨幣基金（International Monetary Fund, IMF）預估，2020年韓國國內生產毛額缺口會因為新冠肺炎而加深負成長。

最近物價下跌，當然不只有韓國出現這種現象，不過也許這才是更令人擔心的問題。接下來，要進一步探討這個問題。

◉ 韓國和美國的物價呈現相同波動

前面已經提到，最近發生的物價負成長是基於「經濟停滯」產生的現象。這樣的現象很容易讓人以為，只要振興景氣，讓國內生產毛額缺口正成長，通貨緊縮的危機就會消失。不過，問題沒有這麼簡單，因為最近通貨膨脹壓力疲弱的原因，除了上圖裡的循環性因素（即經濟鈍化），結構性問題似乎也造成極大的影響。

簡略檢視下圖，從美國和韓國的消費者物價上漲率動向來看，儘管兩者之間有著物價水準的差距，但基本上都朝著同一個方向移動，為什麼會出現這樣的現象？

韓國和美國的物價上漲率動向一致，應該有著諸多因素，其中最大的原因可從「全球經濟趨勢」變化看出端倪，讓我們回到B汽車公司的例子來探討這個問題。

◉ 福特汽車生產變革帶來的啟示

B汽車公司擁有每年100萬輛汽車產能，假設該公司取得一筆120萬輛汽車的大訂單。

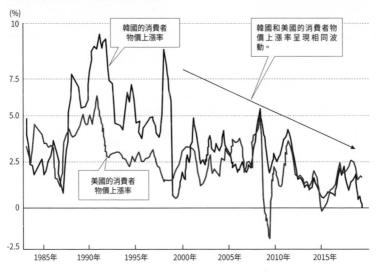

韓國與美國的消費者物價上漲率曲線　　　　　　資料來源：聖路易斯聯邦儲備銀行

韓國的消費者物價上漲率

韓國和美國的消費者物價上漲率呈現相同波動。

美國的消費者物價上漲率

　　這時候公司的情況將視「長期」或「短期」，得到不同的結果。一年內的「短期」訂單不會有太大問題，B汽車公司可採取支付加班費，鼓勵員工週末或週日到公司上班的措施，或是僱用兼職人員來增加人手。可是，超出產能的兩年期以上訂單就不同了。

　　原因在於，隨著B汽車公司達到驚人「利潤」的同時，將引起其他競爭者注意，也就是如果產品沒有長期降價，並改善品質，就很可能再度落入激烈競爭的「叢林」。這類事件最具代表性的例子是，20世紀初美國福特汽車（Ford Motor）及競爭對手之間的產品創新。

　　福特汽車於1908年開始生產「T型車」（Model T），當時年產量不過1萬輛，而售價高達825美元（換算成2017年

物價，約為22,500美元）。T型車因為粗糙外型和昂貴售價而乏人問津。然而，1910年福特汽車在高地公園（Highland Park）設立新工廠，導入生產線這種創新性技術流程後，情況就開始有了大幅逆轉。

生產線當然不是福特汽車的發明，而是公司創辦人亨利·福特（Henry Ford）造訪芝加哥一家屠宰廠後得到的構想，當時這家屠宰廠配備自動移動的輸送帶，將家畜吊掛在大型鐵鉤上一字排開，然後讓分別負責不同部位的工作人員切下豬肉。因為汽車很重，不可能吊掛在一起，於是福特想到將車輛放在巨大的皮帶上，藉此改良輸送系統。

總之，像這樣導入創新流程的結果，促使產量爆增。1908年只有1萬輛的產量，到了1918年已經增加到66萬4,000輛。不過卻出現一個問題，就是高地公園廠的員工離職率很高，1913年該廠區需要5萬名以上的員工，實際上卻只有13,500名員工，人力嚴重不足[12]。

1913年3月，一個月內有7萬人離開，可見離職率之高，即便擁有創新設備，如果員工頻繁離職，工廠的生產工作也不可能順利。福特為了解決這個問題，開始發放所謂的「效率工資」（Efficiency-Wage），簡單來說，他付給員工的工資遠高於當時底特律汽車公司的基本薪資。1914年，福特將一天工時由原本的9小時縮減為8小時，薪資調漲為基本

---

12 提姆·哈福德（Tim Harford）著，任友梅譯，《誰賺走了你的咖啡錢：日常生活中的經濟賽局，臥底經濟學家完美破解》（*The Undercover Economist*），早安財經，2020年9月。

工資的2倍以上，一天5美元。

　　驚人的高工資消息在底特律一帶造成騷動，冷颼颼的冬天裡，有數千人為了求職，每天聚集在福特汽車工廠附近。有一次還發生暴動，警察為了驅離群眾，甚至出動消防水車，可想而知當時群情激昂的氛圍[13]。

　　當然不是所有的求職者都能得到一天5美元的工資，除了六個月的試用期外，試用期間如果無法證明個人有安定的家庭生活就會遭到開除。之所以會附加這項條件，原因在於福特想要員工不只是「對公司忠誠」，還要「想謀求安穩生活」。

　　後來當所有員工出勤狀態穩定、工時慢慢拉長，並且對工作越來越熟練，福特就開始享受巨大的獲利。T型車售價從1908年的825美元降至1914年的440美元，到了1922年甚至降到319美元，以2017年的物價換算，也不過4,662美元左右。像這樣十三年來，汽車價格下降60%以上，創新生產技術讓品質也大為改善，自然沒有車輛還賣不出去的理由。1908年只賣出1萬台的T型車，在1923年銷售量超過200萬輛。

　　競爭對手當然不可能默默看著而毫無作為，雪佛蘭汽車（Chevrolet）不但仿效了生產線系統，更針對福特汽車只販售單一車款的弱點，轉而販售多元化車款，奪得市占率第一。這樣的過程促使包括美國在內的全球汽車公司都更有效率地改變樣貌，整體經濟的物價上漲率也因而趨於緩和。

---

13 哈福德著，任友梅譯，《誰賺走了你的咖啡錢：日常生活中的經濟賽局，臥底經濟學家完美破解》，早安財經，2020年9月。

韓國的生產力成長率與消費者物價上漲率

資料來源：國際勞工組織（International Labour Organization, ILO）、國際貨幣基金

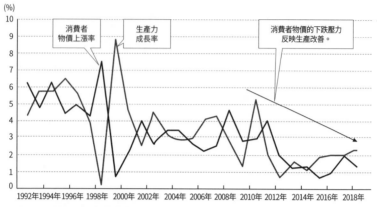

● 這裡的生產力是以2010年美國美元為基準，代表勞工人均產量。

全球經濟趨勢變化如何影響物價

　　從上述的例子看來，在全球化競爭加速的環境下，產品價格難以提高，尤其對於像韓國這類簽署自由貿易協定（Free Trade Agreement, FTA）而迅速開放市場的國家而言，「全球化競爭」的壓迫會更抑制物價水準。

　　最終，經濟越開放、強勁的競爭對手虎視眈眈，產品價格就越可能下跌，因此全球化生產力的改良，削弱韓國物價壓力的情況還會持續，這就是我們不能忽視通貨緊縮危機的第二個理由，接下來還要探討第三個理由。

03 物價上漲率其實遭到高估

不能忽視通貨緊縮危機的第三個理由是,「過度推測通貨膨脹」造成的危機,政府官方推測公布的物價上漲率數據有可能高於實際數據。

最近韓國統計處重新擬訂消費者物價加權值,結果發現,過去推測的消費者物價上漲率高於實際的通貨膨脹水準[14]。舉例來說,2018年消費者物價上漲率原本是1.6%,但是根據重新擬訂的指標顯示只上漲1.5%。為什麼會出現這種情況?

◉ 為什麼官方物價上漲率高於實際情況?

透過聖路易斯聯邦儲備銀行最新公布饒富興味的報告內容,有關政府當局核計的消費者物價上漲率高於實際上漲率的原因說明如下[15]。

第一,品質的最終改善不會反映在消費者物價上。例如,假設消費者物價指數包含排氣量2,000cc的汽車價格,二十年前的汽車與現在的汽車,即便排氣量都是2,000cc,

---

14 韓國統計處,「2017年為基準的消費者物價指數加權值重新擬定結果」,2018年12月。

15 St. Louis Fed (2019), "The Fed's Inflation Target: Why 2 Percent?"

但是由於技術創新，品質必定會有極大差異，但是在核算消費者物價時是以排氣量為基準來比較車輛價格，所以品質的最終改善並不會被反映出來。

技術創新與消費者物價在推定上就受到這樣的限制，諾貝爾經濟學獎得主威廉‧諾德豪斯（William D. Nordhaus）曾提出相關研究，根據他的研究，產業革命後設置1,000流明（Lumen）聚光燈所需投入的費用大幅減少了[16]。所謂流明是一種光通量的物理單位，一般大型電影院使用的放映機是2萬流明，而1,000流明已經很亮了。

問題是，把乾柴堆成山燒出來的1,000流明亮度和利用

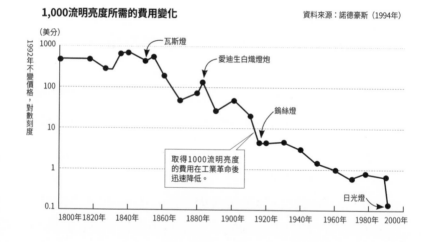

1,000流明亮度所需的費用變化　　　　　　資料來源：諾德豪斯（1994年）

16　William D. Nordhaus (1994), "Do Real Output and Real Wage Measures Capture Reality? The History of Lighting Suggests Not", Cowles Foundation Discussion Papers 1078, Cowles Foundation for Research in Economics, Yale University.

LED燈投射的1,000流明亮度,並不是一樣的亮度。篝火的煙塵多,又容易受到下雨或刮風之類的外部條件而變化,無法正常使用的情況較多;除了無法比擬LED燈節約能源外,亮度品質上也不能相比。根據諾德豪斯博士的說法,消費者物價只推測絕對性的1,000流明亮度價格,但對光的品質卻視而不見。

其次,像是醫療乾燥機這類基於技術的發展和競爭而迅速跌價的品項,在消費者物價計算中也很容易被忽略。

醫療乾燥機在初次問世時非常昂貴,但是受制於技術發展和競爭,價格開始下滑,便引爆買氣。不過,韓國統計處是以「平均」家庭為基準來制定消費者物價的框架,因此像醫療乾燥機這類才開始普及的產品,就很難被列入消費者物價的計算,直到日後醫療乾燥機被編入消費者物價指數品項時,之前下跌的價格才會被反映出來,並扮演拉低整體消費者物價的角色。

從韓國統計處在2017年變更的消費者物價權數的主要品項裡可看出,權數大幅上漲的品項分別是海外旅遊費(+3.8)、咖啡(+2.1)、行動電話(+1.7)等,可以看到消費者越持續支出的品項,權數就越高。最終,可以了解調降消費者物價,是因為咖啡或行動電話等權數增加的品項,價格持續下跌或沒有上漲。

◉ 消費者物價每年有 1.1% 是過度誇大？

比事實誇大的消費者物價爭議，在美國國會也被視為一大問題。1995 年美國參議院針對勞工部的消費者物價評估正確性[17]。這個被稱為「博斯金委員會」（Boskin Commission）的單位指出，消費者物價指數中生活費的變動部分每年都被誇大 1.1%[18]。進一步引述博斯金報告的內容來說，會出現物價的誇大現象有以下三個原因。

第一，消費者對物價飛漲的產品會迅速減少消費。舉例來說，當奶油價格暴漲時，人們會迅速轉而購買包括人造奶油在內其他的替代材料，然後消費者支出鏈裡的奶油比例就會減少，而消費者物價指數卻無法及時反映這個部分。

第二，一旦某個產品價格暴漲，消費者就會跑向「還可以」便宜買到這項商品的地方購買。新冠肺炎造成口罩缺貨，想想大家都會湧向可以更便宜購買的商店，應該就不難理解這個道理。

第三，消費者物價一直都在低估產品品質提升，而且編列新產品的動作太慢。舉例來說，在美國，行動電話被反映在消費者物價是 1998 年，但是當時使用行動電話的人數已超

---

17 Charles Wheelan (2017), *Naked Money: A Revealing Look at Our Financial System*, W. W. Norton & Company.

18 博斯金委員會的正式名稱為「美國消費者物價指數諮詢委員會」（US Advisory Committee to Study the Consumer Price Index）。

過 5,500 萬人，而且過去十年間，行動電話費已經調降 51%，可說美國也曾發生和韓國醫療乾燥機類似的情況。

上述分析暗示以下的可能，也就是如果現階段消費者物價上漲率低於 1%，事實上可能「物價已經在下跌」；換句話說，2018 年後的韓國「通貨緊縮已經開始」了。因此，有關當局及家庭和企業全體都要對往後通貨緊縮可能持續，將深刻影響日常生活，必須有所認知並做好準備。

◉ 仍待解決的問題

前面已討論不能忽視通貨緊縮危機的三個原因：第一，韓國處於國內生產毛額缺口持續負成長的狀態；第二，不只是韓國，連美國等國家的物價也都持續下跌，並且情況類似；第三，政府官方發表的物價預估數據高於實際情況。基於以上三個原因，很難說韓國能完全擺脫通貨緊縮的危機。

到了這裡，可能有人會想到這樣的問題：

「物價是否可能因為中美貿易戰而上漲？」

這個問題很有說服力，下一章將探討貿易戰中，美國等已開發國家物價上漲的可能性。

日本的國內生產毛額缺口與物價波動帶來的啟示

　　國內生產毛額缺口是每個經濟學家都會留意的數據，而我本身則較重視國際貨幣基金的預測值。

　　下圖是日本的國內生產毛額缺口與物價上漲率之間的關係。日本在1990年股市（還有1991年不動產市場）暴跌後，國內生產毛額缺口一直呈現負成長狀態。

　　也許讀者會有這樣的疑問：

　　「不管是1997年或2014年，日本的國內生產毛額缺口都是負成長，為什麼物價還在上漲？」

　　留意日本局勢的人應該都能猜到，那是因為「消費稅提高」的關係。日本政府在1997年和2014年分別將消費稅提高2%與3%，物價上漲正是反映這一點。

　　不過，在經濟極度不景氣（即國內生產毛額缺口負成長）的情況下，調漲消費稅的措施是否妥當？

　　如果日本政府曾慎重思考這個問題，我認為日本的經濟也不至於那麼久都處於不景氣狀態（第6章將更

深入探討適當的財政政策問題。查詢國際貨幣基金經濟統計資訊的方法，參見下頁「更進一步」專欄）。

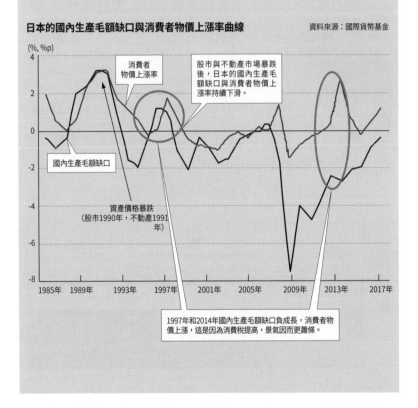

日本的國內生產毛額缺口與消費者物價上漲率曲線　　　　　資料來源：國際貨幣基金

消費者物價上漲率

股市與不動產市場暴跌後，日本的國內生產毛額缺口與消費者物價上漲率持續下滑。

國內生產毛額缺口

資產價格暴跌
（股市1990年，不動產1991年）

1997年和2014年國內生產毛額缺口負成長，消費者物價上漲，這是因為消費稅提高，景氣因而更蕭條。

如何掌握國內生產毛額缺口？

　　提供國內生產毛額缺口波動資訊，並且具有公信力的可信統計機關是國際貨幣基金，先了解一下使用資訊的方法。

1. 連結國際貨幣基金官方網站（www.imf.org）。開啟首頁畫面，點選上方的DATA，清單開啟後，點選下方 的「World Economic Outlook Databases」，即可看到國際貨幣基金的資料庫。

2. 出現上方頁面。可以看到各種資料，點選最上方的「Database」。既然要看，就要看預期值的最新資料。

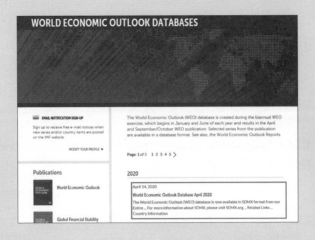

3. 出現「World Economic Outlook Databases」頁面，然後點選「依國家」（By Countries）來選擇想找的國家資料。如果你想找的是全球經濟成長率或開發中國家經濟成長率這種「國家組合」，可以點選旁邊的「By Country Croups」選項。

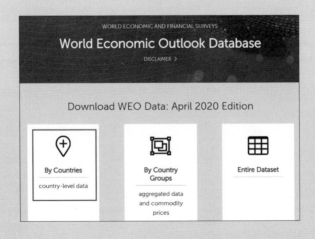

4. 找到想找的國家後，即可選擇想要的項目並下載報告。此外，也可下載經濟成長率和消費者物價上漲率等統計數據（1980年度之後的資料），不妨多加利用。

世界經濟展望資料庫（World Economic Outlook Databases）提供的各種統計項目

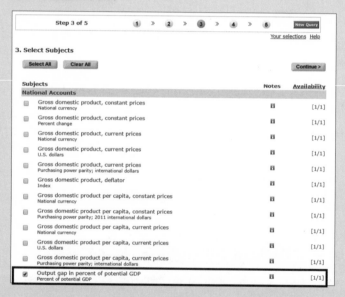

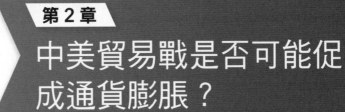

第 2 章

中美貿易戰是否可能促
成通貨膨脹？

2018 年開始，美國和中國間的紛爭高潮迭起。2018 年 7 月 6 日，美國針對 340 億美元的中國製產品課徵 25% 進口關稅，接著在 8 月 23 日又對 160 億美元的產品課徵 25% 關稅，9 月 24 日再度對 2,000 億美元的產品課徵 10% 關稅[19]。

所幸最近這種緊張關係稍微緩和，但是在我看來，中美貿易戰可能還會繼續，因為不只是新冠肺炎的衝擊，導致國際交流嚴重萎靡，特別是這一次的全球流行傳染病源於中國，不能排除美國可能夾帶反感情緒行事的危險性。

本章將深入探討對中國製產品大規模課徵關稅，與對美國物價造成的影響，以及中美貿易戰變本加厲的原因。

首先，要確認一個事實，美國和中國互相接連課徵關稅的局勢，會讓我們覺得從進口物價開始，最後可能連產品價格都會跟著上漲，其實並非如此。下圖是中國對美國出口物價與美國進口物價的比較。

從圖中很容易看出，儘管 2018 年開始課徵關稅，但中國對美國出口物價卻反而下跌。會出現這種怪異現象的原因何在？根據學者的研究，大致可分為三個立場，本章將詳細討論。

19 韓國聯合通訊社，「美國、中國貿易戰主要日誌」，2019 年 10 月 2 日。

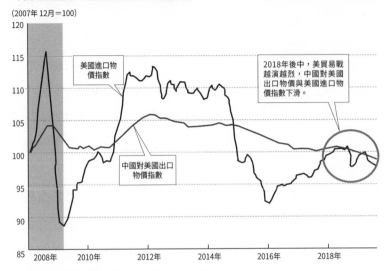

中國對美國出口物價與美國進口物價指數

資料來源：聖路易斯聯邦儲備銀行

（2007年12月＝100）

美國進口物價指數

中國對美國出口物價指數

2018年後中，美貿易戰越演越烈，中國對美國出口物價與美國進口物價指數下滑。

● 灰色部分是美國國家經濟研究局認定的經濟衰退時期。

　　唐納‧川普（Donald Trump）政府已經祭出大規模的課徵關稅行動，而中國製產品在美國還不見漲價的原因為何？

　　第一個主張是「2018年下半年開始的課徵關稅效果尚未正式發揮作用」，提出這個主張的人指出，由於課徵關稅，事實上中國製產品價格正在上漲。

　　從下圖可看出，中國製產品所占比例較高的主要家庭用品消費者物價在2018年初開始呈現上漲趨勢。學者主張，特別是在川普政府對中國製產品擴大課徵關稅的幅度與範圍後，隨之而來的效果在未來必定會正式發酵，也就是認為雖然現在還看不到課徵關稅的效果，但是未來一定會顯現。

美國的主要家庭用品消費者物價變化　　　　資料來源：美國國家經濟分析局（2019年）

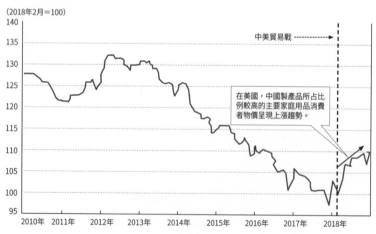

（2018年2月＝100）

在美，中國製產品所占比例較高的主要家庭用品消費者物價呈現上漲趨勢。

中美貿易戰

05 匯率戰爭是否會抵銷關稅的效果？

上述的主張相當具有說服力，只是這樣的報告書還不足以說明中國對美國出口產品價格下跌的原因，甚至有人指出，美國在與中國的貿易戰裡反而會造成赤字劇增[20]。

最終，關於美國進口物價的下跌，是否為課徵關稅的息差問題還很難說，因為還必須考量其他因素。那麼，究竟有哪些因素？

◉ 都是中國的匯率戰爭惹的禍？

最先引起話題的主張是，關於美元兌人民幣匯率的升值，也就是有些人認為這是中國政府當局的「匯率戰爭」造成的問題。

如同下頁圖顯示，自2018年貿易紛爭後，1美元兌人民幣的匯率從6.3元升到7.0元，大約上升10%。

當然我不是要主張匯率升值「僅僅」和中國政府當局的想法有關，只是中國就像1990年代初期韓國政府，以直接或間接方式干預外匯市場的浮動匯率制度（Floating Exchange Rate）一樣，而這樣的匯率變動反映出中國政府當

---

20 IMF (2019), "The Impact of US-China Trade Tensions".

人民幣匯率曲線圖　　　　　　　　　　　資料來源：聖路易斯聯邦儲備銀行

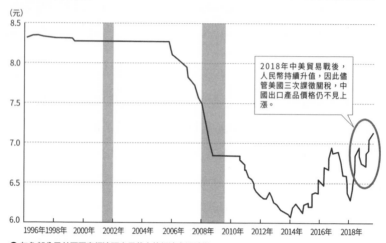

2018年中美貿易戰後，人民幣持續升值，因此儘管美國三次課徵關稅，中國出口產品價格仍不見上漲。

● 灰色部分是美國國家經濟研究局裁定的經濟衰退時期。

局相當的野心，卻是不可否認的事實。

美元／人民幣匯率與 蘋果手機 vs. 小米手機

　　讓我們稍微檢視一下匯率的基本概念，匯率是指一個國家貨幣的相對價值[21]。韓國是韓元，中國是人民幣，美國是美元，各國的貨幣都不一樣，而各國貨幣之間的交叉比率即為「匯率」。假設新聞或廣播上說，昨天美元兌韓元匯率是1,100元，也就是1美元可以換到1,100韓元的意思。

---

21 洪椿旭著，張亞薇譯，《匯率的真相：破解歐元、日圓、美金與人民幣漲跌，與你我如何從中獲利！》，商周，2017年2月。

那麼如果匯率變動，會有什麼影響？

舉例來說，假設美元／人民幣匯率從昨天的1美元兌換6.0元人民幣，升值到今天的7.0元人民幣，售價1,000美元的蘋果（Apple）手機，昨天以人民幣6,000元購入，今天變成要支付人民幣7,000元，比昨天多支付人民幣1,000元。但是，同時如果中國的紅米Note只要花人民幣5,000元就能買到，必定會有更多人選擇購買小米產品[22]。站在消費者的立場，當然也可能發生選擇性變少之類的損失，特別是像紅米這種無可取代的產品就好比汽油或石油，匯率的升值會直接觸動消費者物價上漲。

相反地，如果美元／人民幣匯率從昨天的1美元兌換7.0元人民幣，在今天下跌到只能兌換6.0元人民幣，又會是什麼情況？把售價1,000美元的蘋果手機換算成人民幣的價格，也就是從昨天的人民幣7,000元變成今天的人民幣6,000元，減少了人民幣1,000元，此時包括紅米在內的競爭產品價格，就會讓人覺得相對變貴了。但是從消費者立場而言，相較之下，可以便宜買到海外進口的物品，可說是呈現匯率的貶值促成購買力改善的效果。

從以上的說明中，大家應該都能理解，當匯率變動時，企業的競爭藍圖也會隨之改變。

---

22 順帶一提，最新產品小米品牌紅米 Note 7 Pro 在中國的售價是人民幣 1,599 元，比蘋果的 iPhone 還要便宜。雖然應該以更高價的產品作為比較對象，但是我之所以會舉紅米 Note 為例，是因為它是韓國最暢銷的中國製智慧型手機。

⊙ 中美貿易戰越演越烈，為何不見中國的出口物價上漲？

中美貿易戰後，如果美元兌人民幣匯率升值，中國消費者在意的進口物價可能也會上漲，但主要是中國出口企業的競爭力會因此提升。舉例來說，當川普總統對中國製產品課徵10%關稅，只要人民幣匯率升值10%，以中國出口企業的立場來說，就沒有必要堅持提高「美元出口價格」，因此中美貿易戰後，儘管關稅加重，美國消費者物價卻並未跟著提高。

不過，這種說法其實有一個問題。相對於中美貿易戰後，人民幣匯率從6.3元升值為7.0元，約上升10%，美國的關稅稅率卻遠遠超過10%。舉例來說，2018年7月第一次針對340億美元的中國製產品課徵25%關稅，8月第二次針對160億美元的產品課徵25%關稅，9月再度針對2,000億美元的產品課徵10%關稅。因此，關於最近中國對美國出口物價的下跌，很難以「匯率升值效果」來簡單說明。

那麼美國的進口物價不見上漲，究竟是什麼原因？

06　都是中國企業的生產力大幅提升惹的禍？

　　美國藉由中美貿易戰，於2018年對中國製產品課徵三次大規模關稅後，已經過了一年，關於中國對美國出口物價不見上漲的問題，實在很難以「息差」或是「人民幣貶值」來解釋，到底中國企業是如何消化課徵關稅增加的成本支出？

　　剔除其他可能性後，答案只有一個，就是中國企業藉由提高生產力來抑制出口產品變高的價格；換句話說，中國企業以同樣的設備和勞力成功生產更多產品。

◉ 中國企業成功提升生產力

　　當然也可能是中國企業憑藉縮減利潤，吸收被課徵關稅造成的衝擊，不過這樣的可能性並不高，因為並未發現中國出口企業的獲利有「嚴重」衰退的跡象。

　　根據最近韓國銀行發布的資料，2019年上半年中國企業的獲利雖然有些衰退，但是還不到「嚴重」衰退的程度[23]。

　　例如，2018年中國工業的經常性利潤在1月至5月間增

23　韓國銀行，「中國最近的負債風險動向與啟示」，2019年7月18日。

加16.5%，但是2019年同期卻減少2.3%，是否該把這種情況視為「嚴重衰退」其實仍然存疑。此外，中國出口企業縮減利潤來抑制產品價格提高的做法，短期因應是可行的，可是一旦企業的現金流量惡化，就必須提高產品價格或是做出乾脆放棄出口的決定。

面臨這種困境的企業也有可行的「對策」，就是提高勞動生產力。簡單來說，一樣的工時如果能比過去生產更大量，即可降低平均生產價格，製造一樣產品所需的費用就會減少，站在企業的立場，無論關稅「炮彈」多猛烈，都能毫不費力地抵銷。此外，提高生產力之餘，當然也要承擔必須支付勞工比以前更多工資的壓力，不過如果生產力能持續提升，除非提升的生產力是依賴機械等設備投資，否則整體支出中工資比例並不高，當然不必擔心提高工資的問題。

◉ 傳統農業社會很難提升生產力

前面提到「無須投資資本設備的生產力提升」，這是最近興起的一個現象。

1820年左右，英國發生工業革命前，人類過著十分艱辛的生活。由於大部分人口從事農業生產，生產力的提升速度非常緩慢，大部分的人甚至認為生活水準很難改善。農業生產力提升緩慢的現象，應該說是生產力反而退化的現象，稱為「產量遞減」現象。產量遞減是指，即使是同一塊農地投

入比過去更多的人力，但產量增加的速度依然緩慢，或是甚至出現減少的現象。

舉例來說，假設10畝農地由1個農夫負責耕種，能生產10麻袋的米，可是換成2個農夫耕種會怎麼樣？增加經常鋤草等勞力、以前從不種植作物的田埂種下豆子等就能增加產量。以這塊農地可以生產20麻袋的穀物來說，一個人的產量是10麻袋，還是和以前一樣。

這次換成不同的勞力條件，由4個農夫耕種，產量肯定會比過去提高許多，但是如果要像以前一樣，一個人生產10麻袋就很困難了，或許每人最大限度只能生產8麻袋左右。假設人口不停增加，10畝農地換成8個農夫耕種，又會發生什麼情況？

除非跟得上人口增加的速度，改換新農法或是有可以提高產量的新品種出現，否則要快速提升稻米產量並不容易，一個農夫可能連生產6麻袋的米都做不到。

像這樣額外投入勞工，產量卻減少的現象，就是前面提到的產量遞減現象。

最終，在土地受限的傳統農業社會裡，人口的增加並不是值得慶賀的事。漢朝或明朝等中國歷代王朝在短暫的全盛時期後，因為農民的叛亂或是不敵外力入侵而滅亡，原因就在於「人均產量減少」。此外，像是1840年鴉片戰爭中，清朝被人口不到自己二十分之一的英國打敗，我認為以當時的農業技術要養活中國4億人口，土地不足是原因所在。

反觀當時英國人口不過2,000萬，但是每個國民的生產力卻超越中國，也就是英國憑藉著工業革命，從農業國家變身強國，並超越擁有4億人口的大國中國。

◉ 學習曲線平緩的產業，生產力提高相對緩慢

製造業主導整體經濟提高生產力，是因為能維持陡峭的「學習曲線」（Learning Curve）。這裡的學習曲線是指，隨著產量變化產生的生產力變化，予以圖形化表示[24]。

舉例來說，假設一家棉紡織廠的100名勞工原本年產1萬碼產品，後來在沒有追加人手的情況下，增加到年產2萬碼，意謂這家公司的年均生產力已經提升到100%。不過，第二年的生產力可能還不到3萬碼，第三年恐怕連生產3.5萬碼都很難做到，原因就在於，剛投入工廠設備時，很容易提高生產力，但是當勞工的技術純熟，而且對機械的了解程度具備一定水準後，要保持像剛開始一樣平穩提高生產力就不容易了。

因此，棉紡織業的學習曲線在一開始雖然能夠快速攀升，但是上升的速度卻會越來越緩慢。當然，製造業有別於農業，幾乎不太會出現人均產量減少的問題。

學習曲線平緩的產業就會像這樣，對新競爭者出現時的

24 入山章榮著，楚見晴譯，《現在，頂尖商學院教授都在想什麼？：你不知道的管理學現況與真相》，經濟新潮社，2014 年 9 月。

棉紡織業的學習曲線

資料來源：入山章榮著，楚見晴譯，《現在，頂尖商學院教授都在想什麼？：你不知道的管理學現況與真相》，經濟新潮社，2014年9月

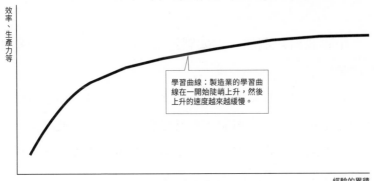

效率、生產力等

學習曲線：製造業的學習曲線在一開始陡峭上升，然後上升的速度越來越緩慢。

經驗的累積

競爭力薄弱。19世紀工業革命時期，技術本身的開發已歷經長時間的改良，先行者與後進者之間不會有太大的差距。

因此，棉紡織業的重心開始移往人工便宜的國家，1960年在韓國、1980年在中國，如今則在印尼等[25]。

當然如果中國就這樣安於現狀，提高生產力的速度就會開始鈍化，最終可能會落入「中等收入陷阱」（Middle Income Trap）。不過，中國政府也明白自身的處境，於是開始落實「中國製造2025」等各種政策來因應。

---

25 促使產業將設備移往海外的因素，當然不只是學習曲線，更關鍵的是，問題也可能出在紡織業的規模經濟（Economies of Scale）無法順利運作。一般來說，工廠規模越大，生產費用也會跟著降低，這就稱為「規模經濟」。但是以織物／紡織工廠來說，即便規模擴大，平均生產費用減少的幅度也不會太大。華倫‧巴菲特（Warren Buffett）於1965年收購紡織工廠波克夏‧海瑟威（Berkshire Hathaway），雖然持續挹注資金，但最後卻依然倒閉，就是最具代表性的例子。

「中國製造2025」
——培育陡峭學習曲線的產業

中國政府規劃的「中國製造2025」,積極培育的是哪些產業?

許多產業都是候選人,不過產量越高,生產單價持續下降的產業是重點培育對象,也就是學習曲線陡峭的產業。事實上,中國當局正傾力培育如半導體和電動車等,資本投資比例高且生產力提升快速的產業[26]。

半導體業界恪守名為「摩爾定律」(Moore's Law)的知名學習曲線。順帶一提,這個命名是世界級半導體公司英特爾(Intel)共同創辦人高登‧摩爾(Gordon Moore)在半個世紀前率先主張後,便廣泛運用至今。摩爾發現每兩年積體電路(Integrated Circuit, IC)的儲存能力就增加1倍的事實,而這樣的頻率從1960年代一直延續到2010年代;換句話說,具備同性能積體電路的產品價格很可能每兩年就減少一半。

從以下的點狀圖中,可看到英特爾的積體電路所需電晶體數量,英特爾在1971年從配置3,500顆電晶體的Intel 4004開始,直到後來置入10億顆以上電晶體的Core i7,都能看到摩爾定律的延續。

摩爾定律可說是代表資通訊產業的生產力不斷向上提升

---

26 KOSTE,《中國資通訊產業第十三個五年規劃發展計畫》,2019年。

摩爾定律的進展

資料來源：Fossbytes (2016 .2. 11), "Moore's Law Is Finally Dead−How Did This Happen?"

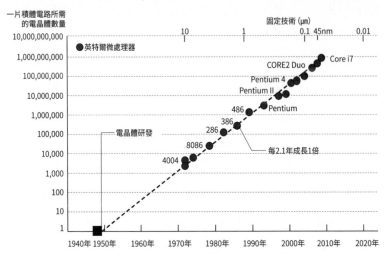

的例子，總而言之，世界各個主要國家都在傾力培育學習曲線陡峭攀升的產業[27]。順帶一提，圖中縱軸上每一刻度代表增加10倍。

到了這裡，可能有人會心生這樣的疑問：

> 「為什麼像半導體產業這種產業能維持陡峭的學習曲線？」

---

27 不是只有半導體才會呈現陡峭的學習曲線，通訊網路的頻寬比積體電路以更飛快的速度擴張，這就是所謂「吉爾德定律」（Gilder's Law）。喬治·吉爾德（George Gilder）發現通訊網路的頻寬是以積體電路計算能力提升速度的 3 倍在增加的事實。最近雲端服務十分活絡，除了儲存、演算能力的改善外，發達的傳送效率也有很大的貢獻。

可能有著各種不同的因素，最關鍵的原因是，它們在激烈競爭中能持續創新。以下描述企業持續創新的說法，也許有大家值得領會的地方。

創新可以說是一個進化的過程，舉例來說，我們總是往前走，不管在人生或職涯，總是往前走。……可是企業呢？大部分的企業都是用跑的，它們是怎麼跑的呢？就是不顧一切地往前跑，不分晝夜地跑，跑，再跑，繼續跑。像這樣只顧著往前衝，都忘了回頭看時，有時可能會碰到前面就是懸崖峭壁，以直線來比喻的話，就是間斷點。這時候，請問各位會怎麼做？

我認為有三個選擇：第一是跳遠一點；第二是跳高一點；第三則是往下跳[28]。

如同這個比喻的印證，半導體業是不斷挑戰「極限」的產業，也許是新技術的發明、顧客的喜好變化、管理或標準改變，只是改善基本生產方式就想提升生產力幾乎是不可能的。不過，還是有很多創新企業在大膽「往下跳」，堅持努力地創新，其中最具代表性的例子是硬碟產業。

28 金在範、金東俊、趙光樹、張英中（以上音譯），《投遞賈伯斯，在賈伯斯佇足過的地方找尋方向》，知識空間，172 至 173 頁，2012 年。

　　硬碟產業大部分的技術變化是「存續性創新」的整合，另一種稱為「瓦解性技術（破壞性技術）」的對照性技術變化，不但採用的企業少，現存的領先企業也都因為這種技術變化而遭到淘汰。

　　最重要的破壞性技術是，縮小硬碟大小的結構性創新，透過這種技術，將原本直徑14吋的硬碟縮小成8吋、5.25吋及3.5吋，甚至從2.5吋縮小到1.8吋。……

　　這種技術在一開始並不符合現有市場顧客的期待，初期在現有市場幾乎乏人問津，但是這種技術反倒提供與主流市場脫節，能在不受重視的新市場價值被認同的各種嶄新屬性[29]。

　　創新過程的最佳例子是智慧型手機，2000年代中期，手機界霸主諾基亞（Nokia）開發智慧型手機，卻沒有大量生產，因為在已經支配市場的狀態下，找不到生產顧客「不需要的新產品」之動機。結果在2007年6月，蘋果推出iPhone智慧型手機，市場因而出現新局面，引發龐大的經濟需求。

　　當然「摩爾定律」能否持續，有很多不確定因素。世界級經濟學者羅伯特・戈登（Robert Gordon）教授透過力作《美國經濟成長的起落》（The Rise and Fall of American

---

29 克雷頓・克里斯汀生（Clayton M. Christensen）著，吳凱琳譯，《創新的兩難》（The Innovator's Dilemma），商周，2007年。

Growth: The U.S. Standard of Living Since the Civil War）指出，
摩爾定律將在2000年代中期被打破。戈登在需求上找到定律崩潰的原因，也就是他認為，「因為沒有人認為需要能讓桌上型電腦快速運算的晶片」，摩爾定律因而粉碎[30]。

戈登的主張當然也遭到許多人駁斥，許多人認為半導體業在未來還會持續提升生產力。

只不過下圖傳達一個非常重要的訊息，這是從1990年後美國生產者物價與半導體價格動向的曲線圖。

美國生產者物價與半導體價格曲線　　　　資料來源：聖路易斯聯邦儲備銀行

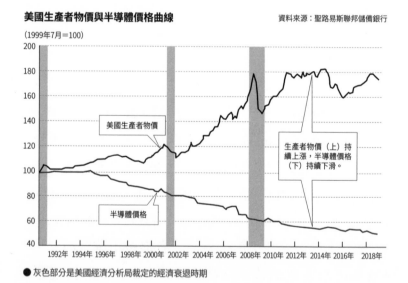

（1999年7月＝100）

美國生產者物價

半導體價格

生產者物價（上）持續上漲，半導體價格（下）持續下滑。

1992年 1994年 1996年 1998年 2000年 2002年 2004年 2006年 2008年 2010年 2012年 2014年 2016年 2018年

● 灰色部分是美國經濟分析局裁定的經濟衰退時期

30 Robert J. Gordon (2016), *The Rise and Fall of American Growth: The U.S. Standard of Living since the Civil War*, Princeton University Press.

後疫情時代的經濟走向與投資策略

　　這裡的生產者物價是指企業之間的交易價格，從圖中可看出，美國生產者物價呈現持續上漲趨勢，但半導體價格卻不斷下滑，也就是半導體等資通訊產業主導的創新速度雖然可能減緩，但產品價格的下跌趨勢持續的可能性倒是很高。

中國的生產力提升速度如何？

　　最後，要了解的是關於中國生產力的提高速度。

　　如下圖所示，中國的高成長原因大部分是仰賴「勞動生產力」提升。舉例來說，2000年後中國經濟每年成長9.0%，同期勞工的每人產量（即勞動生產力）就增加8.6%。

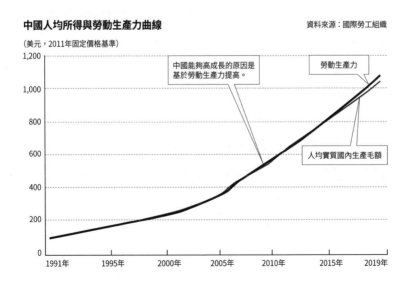

中國人均所得與勞動生產力曲線　　　　　資料來源：國際勞工組織

（美元，2011年固定價格基準）

中國能夠高成長的原因是基於勞動生產力提高。

勞動生產力

人均實質國內生產毛額

容我多說幾句，中國勞動生產力的提升不能只是單純視為基於技術的發達。不過，從過去的趨勢看來，中國人開始比以前更熟練於追求以「技術」而非「數量」為基礎的創新[31]。

　　當然，現在還不能斷言中國的勞動生產力往後也會以這種速度持續提升，如果因為中美貿易戰的影響，導致華為或小米這些出口企業倒閉，也許生產力的提升可能就會受限。不過，從目前能蒐集的資料來看，中國企業在努力提升生產力之際，部分企業似乎成功減少關稅附加的衝擊。

　　綜合上述內容，我們知道儘管中美貿易戰十分激烈，但美國的通貨膨脹壓力反而疲弱，原因是與中國的人民幣貶值（即美元兌人民幣匯率升值），以及生產力持續提高有關，所以即便中美貿易戰越演越烈，也沒有那麼容易發生全球性通貨膨脹。

　　接著進一步了解，如果像半導體這種生產力迅速改善的產業比例高的話，會帶來什麼經濟事件，下一章將解答這個問題。順帶一提，在經濟學的世界裡，是以「技能傾向的技術變革」角度來解讀這個問題。我們將深入探討當資通訊產業或生物產業等主要需求高教育水準人才的產業變多時，又會帶來什麼經濟局勢。透過探討將會了解，這些都有助於大幅紓解全球經濟通貨膨脹的壓力。

---

31 這個部分可參見下頁「更進一步」專欄：「中國是否會落入中等收入陷阱？」。

中國是否會落入中等收入陷阱？

　　中等收入陷阱是指，新興國家的人均國民所得長期停留在開發中國家水準（4,000美元至10,000美元左右）的現象。1960年代至1970年代以後的巴西、阿根廷、智利等南美國家，以及菲律賓、馬來西亞等東南亞國家都是代表性的例子[32]。

為什麼會出現中等收入陷阱？

　　會出現中等收入陷阱的原因主要有兩個。

　　第一，對經濟成長剛起步的國家而言，生產力提高大部分仰賴勞動力增加。農村勞動力移往都市，稱為「離村向都」的現象，就是促使都市湧入更多勞力，當這些勞動力的工資水準低時，則經濟成長的可能性就會提高。

　　不過如下圖所示，勞動力在中國經濟成長上的貢獻程度來看，雖然1980年代經濟成長率為2%至

32　韓國銀行，「中國的開發中國家陷阱爭議與啟示」，2011年。

3%，但是1990年代後的水準則下跌到0%[33]。

中國經濟成長的項目別貢獻度　　　資料來源：中國國務院發展研究中心（2010年）

年度	經濟成長率	資本貢獻度	勞動力貢獻度	總要素生產力（Total factor productivity, TFP）*貢獻度
1978~2007年	9.8%	6.3%p	0.9%p	2.6%p
1978~1985年	9.8%	5.1%p	1.2%p	3.5%p
1985~1989年	7.9%	5.5%p	2.2%p	0.2%p
1990~1997年	11.5%	6.8%p	0.4%p	4.3%p
1997~2000年	8.0%	6.5%p	0.4%p	1.0%p
2000~2007年	10.4%	7.5%p	0.4%p	2.5%p

● 除了勞動力與資本等方面的投入要素增加外，還包括技術發展、人力資本等提高成長率的各種要素。

　　第二，會出現中等收入陷阱的另一個原因是，很難無上限地增加投資。小型製造業只要投入少部分資金，就能大幅提高生產力。假設某家公司原本只需要一台切削機（將機器切削加工的工具）來加工，如果再增加一台切削機，生產規模就能多出1倍以上；但是對原本就有一百台切削機的公司來說，即使再增

33　貢獻率是指從國內生產毛額的成長，檢視各個項目貢獻程度的一個指標。舉例來說，假設為了讓國內生產毛額達到100，而勞動力部分貢獻20，貢獻率就是20%。貢獻度是用於檢視各個項目在經濟成長率上的貢獻程度，假設中國的經濟成長率是10%，而勞動力貢獻率是20%，投入的勞動力對經濟成長的貢獻度就是2%。將貢獻率與貢獻度的關係公式化如下：貢獻度＝各部分貢獻率 × 經濟成長率。

加一台，也難以在短期內急速增加產量，反而可能會造成生產線混亂，導致產量減少。基於這些要素的追加，資本投資成效不會較為顯著，但是想得到資本投資的效果，卻需要極大的投資意願。

最終，與資本或勞動力投入相比，技術變革和個人能力（參見上頁表格的「總要素生產力」），才能左右經濟成長。

不過，仰賴技術創新的經濟成長卻十分艱難，在沒有追加機械設備或僱用勞力來增加產量的情況下，只靠「命令」或「強制」是無法達成的。此外，更關鍵的是，技術創新需要勞工教育水準的提升，進而提高生產效率後，還需要有完善的獎酬制度。

從巴西到菲律賓，有許多國家都在追求以「技術創新」主導經濟成長的穩定之路上失敗，這是政治不穩定、嚴重的經濟蕭條，甚至厄運等因素交錯的結果。

如果現在就要認定中國無法突破「中等收入陷阱」還言之過早，儘管面臨激烈的貿易戰，再加上中國仍有自己的「辦法」，就是前面提到的「中國製造2025」等積極培育陡峭學習曲線產業的政策。從截至目前為止的情形看來，中國對於追求技術而非數量為基礎的創新越來越駕輕就熟，努力提高生產力，成功緩和中美貿易戰造成的衝擊。

亞馬遜如何改變世界的價格？

生產力創新正是手機或筆記型電腦這類資通訊產品價格下滑的主因，不過根據哈佛大學（Harvard University）商學院教授阿爾貝托・卡瓦洛（Alberto Cavallo）最新的研究，包括亞馬遜（Amazon）在內的電商交易產業成長，也是穩定整個經濟物價的因素[34]。

價格調整週期縮短

卡瓦洛教授在意的問題是，流通業者的價格調整週期越來越短的現象。經常光顧便利商店或大型賣場的人可能已經留意到，流通業者不會經常更換價格標示，除了修正標價會造成不少成本支出外，萬一價格調整出了什麼差錯，可能就會造成嚴重的混亂。

不過，不經營實體店面的亞馬遜等網路零售業者對更改標價從未有所顧慮，除了網路賣場撤換標價幾乎不需要成本支出外，與競爭企業相比，若能迅速展示較便宜價格，吸引更多的顧客，就能獲得更大的利益。

---

34 Alberto Cavallo (2018), "More Amazon Effects: Online Competition and Pricing Behaviors", Jackson Hole Economic Symposium Conference Proceedings.

　　結果，美國流通業者便開始以過去無法比擬的程度頻繁地更改標價，最具代表性的例子是家具和家庭用品，2008年至2010年，大約每十四個月，標價就會更新一次，2014年至2017年甚至每五個月就會調整價格，調整價格的頻率變得越來越快。

價格的加速統一

　　除了價格的調整週期外，卡瓦洛教授也十分關注本地價格的消滅現象。美國國土廣大，普遍傾向以食品為中心，依照不同地區來制定價格，可是自從亞馬遜等強勢的網路零售業者出現後，這種現象就慢慢消失了。

美國的業種別價格調整週期　　　　　　　資料來源：卡瓦洛（2018年）

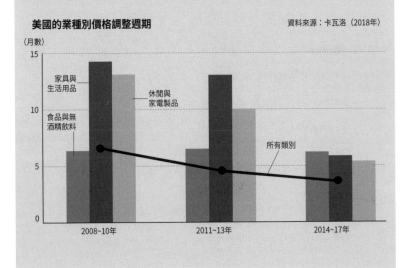

舉例來說，沃爾瑪（Walmart）販售的商品，亞馬遜也有販售，在不同地區間的價格差異並不大，就連因為產地不同而價差大的食品，在亞馬遜的價格統一性也高達84%。順帶一提，據說休閒與家電製品部分，不管亞馬遜有無販售，價格的統一性甚至高達99%，可見競爭之激烈。

　　尤其最近亞馬遜在積極推廣支付一筆固定費用，即可享受快速免運費的「Prime付費會員」制度，更強化競爭優勢。

> 亞馬遜的Prime會員有極高品牌忠誠度，確保亞馬遜的銷售量，每年購物金額比非會員高出約40%。假使亞馬遜Prime會員人數持續成長，且未來依然忠於亞馬遜，在未來八年內，亞馬遜的Prime會員家庭可能會比裝設有線電視的家庭還多。……亞馬遜的基本架構，追求的是由全球最富裕家庭構築強而有力的網絡效應（Network Effect），全美高所得家庭中有70%是亞馬遜Prime會員[35]。

35　斯科特・加洛韋（Scott Galloway）著，許恬寧譯，《四騎士主宰的未來：解析地表最強四巨頭》（*The Four: The Hidden DNA of Amazon, Apple, Facebook, and Google*），天下文化，2018年。

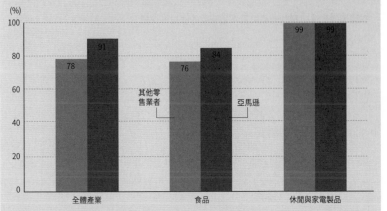

美國傳統零售業與亞馬遜的全國價格統一性比較 資料來源：卡瓦洛（2018年）

美國因為擁有強而有力的配銷系統，所以能更迅速地更新價格表，不同地區之間價格差異也相對縮小。只是這樣的網路商務交易的影響力擴大，勢必帶來另一個經濟上的影響。

對外部環境更加敏感的價格

卡瓦洛針對沃爾瑪的販售商品，分類出在亞馬遜也能買到的商品和沒有販售的商品，調查隨油價與匯率變化而產生差異的價格轉嫁率（Pass-Through）。

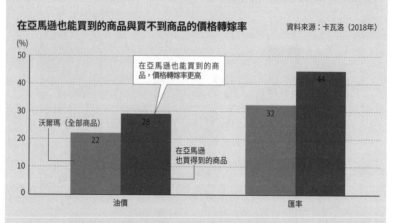

在亞馬遜也能買到的商品與買不到商品的價格轉嫁率　　　　　　資料來源：卡瓦洛（2018年）

　　如圖所示，在沃爾瑪與亞馬遜都能買到的商品價格，會根據油價或匯率等外部環境的變化而受到立即影響；換句話說，越是可以即時比較價格的商品，就越容易受到外部環境的影響。

　　最終，美國零售市場因為如亞馬遜等電子商務交易業者的出現，造成競爭日趨激烈，這樣的局面可能也會成為未來抑制通貨膨脹的因素。

第 3 章

美國如何避免通貨膨脹？

在第2章討論以半導體業為中心的「創新產業」，能引起多麼強烈的生產力提高。本章將了解1990年代後，美國經濟變化對通貨膨脹產生的影響。當然，很多讀者可能會有以下的疑問：

「我們想知道的是本國通貨膨脹的前景，為什麼要先了解美國經濟？」

會有這樣的疑問是理所當然的，1997年前，人們會有這樣的疑問是合情合理的事，可是在亞洲金融風暴後，韓國經濟開放，消費者物價便開始與全球的物價動向連動；換句話說，各位別忘了最近韓國的消費者物價下滑，是因為除了國

韓國消費者物價與進口物價的關係　　　　　　　　　　資料來源：韓國銀行經濟統計系統

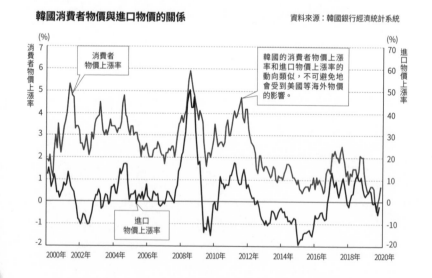

內之外，也受到海外因素影響，我們可以從所謂「直購」風潮，清楚感受到這種氛圍。

　　為何海外物價上漲壓力會下降？尤其是美國在新冠肺炎爆發前景氣大好，但是為什麼物價卻沒有上漲？本章將解答這個疑問。

美國企業的單位勞動成本原地踏步

　　下圖是美國消費者物價與單位勞動成本（Unit Labor Cost）的動向，雖然美國經濟在新冠肺炎爆發前到2019年底都處於繁榮時期，但可看出物價無法上漲是因為單位勞動成本保持不變。

美國消費者物價與單位勞動成本的變化　　　　　　資料來源：聖路易斯聯邦儲備銀行

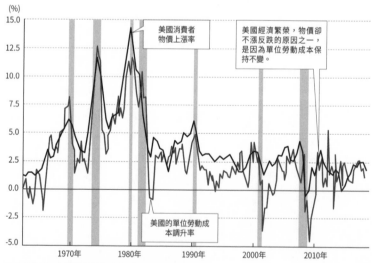

美國消費者
物價上漲率

美國經濟繁榮，物價卻
不漲反跌的原因之一，
是因為單位勞動成本保
持不變。

美國的單位勞動成
本調升率

●灰色部分是美國國家經濟研究局裁定的經濟衰退時期。

單位勞動成本聽起來艱澀，但其實意思很簡單。舉例來說，假設 B 汽車公司的員工透過工會協商，成功爭取提高 10% 工資，這時候如果勞工人均汽車產量增加到 20%，公司感受到的人工費用等於下降 10%。

當然，相反的情況也經常發生，最具代表性的情況發生在 1980 年代，當時的單位勞動成本是以每年 10% 持續上升。最終，所謂單位勞動成本就是工資調升率減去生產力的改善值。

如果單位勞動成本大幅增加或下降，會對經濟帶來什麼影響？

一切要視競爭藍圖而定，在競爭激烈的情況下，當單位勞動成本下降時，可能會積極採用調降價格的策略，走在商店街，如果看到「大減價」的告示牌，我們不都會眼睛為之一亮嗎？

相反地，當單位勞動成本提高時，會先從有競爭力的企業開始調漲價格，而競爭力最弱的企業則是到最後才會跟著漲價。前一陣子泡麵漲價，從某品牌率先調漲價格的情況，不難理解這一點[36]。基於這樣的原因，當單位勞動成本降低時，整體經濟的物價上漲壓力就會下降；相反地，單位勞動成本快速提高時，物價上漲壓力高的「通貨膨脹」時代就會來臨。

不過，這會讓人想到另一個問題：

---

36 Hankyoreh 新聞，「辛拉麵漲價——農心，平均上漲 5.5%」，2016 年 12 月 16 日。

「美國在新冠肺炎爆發前，失業率是史上最低的，但是為什麼單位勞動成本卻不見攀升？」

以下就來揭曉原因。

⟳ 美國的單位勞動成本為何無法攀升？

美國的景氣直到2019年都還欣欣向榮，單位勞動成本之所以遲遲不攀升的原因，在於工資沒有調升。

當然美國的名目工資一直都在提高，但是實質工資卻幾乎沒有調升。實質工資是視物價而定的工資，舉例來說，工資即使提高10%，但是當消費者物價也提高10%時，實質工資調升率就等於0%。

下圖是美國勞動生產力與實質工資的長期動向。從圖中可看出，直到1970年代勞動生產力和實質工資呈現平行上升，也就是當勞工的人均產量增加時，企業也會隨之提高給付的工資。只是，好景不長。

邁入1980年代開始，相較於生產力提高的速度，實質工資幾乎沒有調升，尤其是1990年代後拜資通訊革命所賜，生產力加速提高，實質工資卻仍擺脫不了停滯狀態[37]。

結論就是，美國的勞動生產力在1953年後提高3.8倍，

---

37 Bureau of Labor Statistics (2011), "The Compensation-productivity Gap: A Visual Essay".

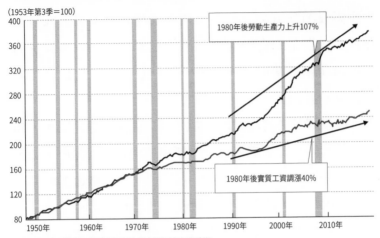

1953年後美國勞動生產力與實質工資曲線　　　　資料來源：聖路易斯聯邦儲備銀行

（1953年第3季＝100）

1980年後勞動生產力上升107%

1980年後實質工資調漲40%

● 灰色部分是美國國家經濟研究局裁定的經濟衰退時期。

同期勞工的實質工資卻停留在2.5倍，與1980年後相比十分殘酷，1980年後美國的勞動生產力提高107%，而勞工的實質工資也只有調漲40%。

當然，生產力的提高並不是壞事，生產力提高，企業的競爭力得以改善，進而經濟也會有所成長，只不過當生產力大幅提高，而實質工資卻未能跟著調升時，最終造成生產力提高的利益都集中在企業的狀況。

◉ 不平等會提高通貨緊縮的危險

生產力快速改善的同時，如果實質工資沒有跟進，會造成什麼問題？

B汽車公司的生產力達到100%的改善，而員工的總年薪假設調升40%。負責這件事的勞資協商負責人肯定會升官。以企業的立場而言，等於是單位勞動成本減少的同時，利潤相對增加。誰會是既得利益者？就是最高經營者和股東。

最高經營者可得到因為績效改善而來的豐厚獎金，而股東則是透過分紅或購入公司股票來取得足夠的報酬。美國股市在過去1990年後至2019年底持續呈現上漲趨勢的原因之一，我認為應該就是單位勞動成本降低的緣故。

企業的單位勞動成本降低，也就是回饋勞工的報酬變少了，這種現象會擴大貧富不均的問題，尤其對美國的中產階層與勞工階層而言，股票持有比例低，容易產生企業績效改善和股價上漲的效果都集中在上流階層的問題，而大部分的家庭都屬於股票投資比例低，無法享有股價上漲的利益。

根據加州大學柏克萊分校（University of California, Berkeley）經濟學教授伊曼紐爾‧賽斯（Emmanuel Saez）的分析，有別於1920年代，現今貧富不均問題日益嚴重的原因，大部分可說與「工資的差距」有關，也就是最高經營者與工程師的年薪都在暴漲，反觀多數勞工的工資則處於停滯狀態[38]。

後疫情時代的經濟走向與投資策略

---

38 Thomas Piketty & Emmanuel Saez (2003), "Income Inequality in The United States, 1913-1998", The Quarterly Journal of Economics, February 2003.

　　當然最高經營者的年薪翻漲，除了年薪增加外，還有股票選擇權制度也是原因之一。沒有股票選擇權的勞工雖然也可以透過退休年金帳戶等分得股票上漲的獲利，但可惜的是，相較於高所得階層，多數勞工的股票投資規模較小也是事實 [39]。

美國的單位勞動成本與企業獲利占國內生產毛額的比例變化　　資料來源：聖路易斯聯邦儲備銀行

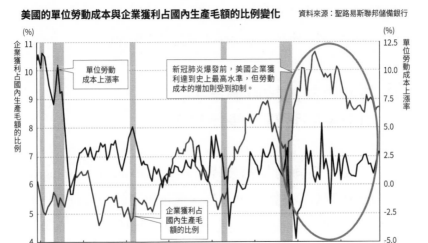

● 灰色部分是美國國家經濟研究局裁定的經濟衰退時期。

　　換一個話題，接下來要關注的是美國勞工實質工資無法提高的問題。造成實質工資停滯的原因很多，大致上技能偏向的技術變革、全球化及高齡化就是其中的原因。

◉ 技能偏向的技術變革，如何壓制實質工資增加？

　　「技能偏向的技術變革」（Skill-Biased Technological Change, SBTC）是指，1990年代前後出現的技術創新，使得傳統工作機會因而消失；相反地，資通訊領域的新興產業繁榮，造成「勞動市場兩極化」的現象。

　　下圖是1990年代中期，大學畢業生和高中畢業生的工資調升率曲線圖，可明確看到技能偏向的技術變革對經濟的影響，無論景氣好壞，大學畢業生的工資調升率永遠高於高中畢業生。大學畢業生的年薪原本就較高，但是如果連工資調升率都高，最後必定會因為教育水準的不同，導致兩極化更嚴重。

美國的學歷別工資調升率　資料來源：亞特蘭大聯邦儲備銀行薪資成長追蹤（Wage Growth Tracker）

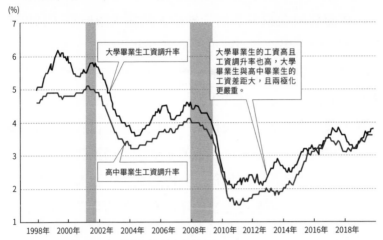

大學畢業生工資調升率

大學畢業生的工資高且工資調升率也高，大學畢業生與高中畢業生的工資差距大，且兩極化更嚴重。

高中畢業生工資調升率

● 灰色部分是美國國家經濟研究局裁定經濟衰退時期。

　　學歷別所得兩極化現象的產生，主因在於資通訊革命[40]。生產力快速提高的同時，產業比重增加，消費者的支出都集中在這個部分時，報酬水準自然也會變高。

　　美國大學畢業新進員工的年薪大約是48,000美元，而技術創新的寵兒，所謂的STEM專業人士則領更高的年薪。STEM是取自科學（Science）、技術（Technology）、工程（Engineering）、數學（Mathematics）專業領域的第一個字母而來。

　　相反地，因資通訊產業而成長受阻的產業則會越來越難以生存。例如，文學或哲學這類專攻人文學科的專業人士所

---

40 崔姜植、趙允愛（音譯），《技能偏向的技術變革與僱用》，產業研究院出版，2013 年。

得（年薪約30,000美元），是無法達到社會平均值的族群[41]。

在此想稍微說一下個人經驗，我在大學時期（1980年代後期）曾在學校新聞社工作，可以盡情撰寫文章，雖然薪資微薄，但對學費不無小補，以一個從鄉下來到城市就學的窮學生而言，是很不錯的工作。當時在母校學長經營的新聞社裡，我負責校刊的製版作業，一位在這一行有數十年經驗的活字排版員工，他敏捷迅速的手藝至今仍讓我印象深刻。他能迅速找出與兩百字原稿上對應的鉛字，我看著他按照文章的製版，迅速調整好適當的字距和段落的身影，當時的驚訝直到現在都還記憶猶新。

1993年，我進入經濟研究所工作時，這個世界已經轉變了。電腦迅速普及，研究所的報告只需要透過電腦打字就能完成。只要抽空跑一趟首爾乙支路上的印刷廠，檢查一下出版前報告的印製狀況，如果確認無誤，很快就能離開。多虧有了電腦，工作因此變得簡便快速，生產力也比過去提高許多，只不過在這樣的過程中，那些活字排版員工大部分都失業了。當然活字排版員工應該也可以學習數位出版方面的業務，但是上了年紀又長期從事同一種工作的人要重新學習新事物（或學問），免不了要經歷許多困難。因此當資通訊革命越加速行進，很可能會造成勞動市場的強烈兩極化。

更關鍵的是，從全世界的角度而言，大學畢業生不過只

---

41 *The Wall Street Journal* (2019. 5. 10), "What's a Liberal Arts Degree Worth?".

是少數，即便大學畢業族群的所得水準高於社會平均值，美國等主要已開發國家的大學就學率卻反而在下降[42]。2018年美國的大學就學率是40%，相較於2000年的35%算是高水準，但是與2010年創下的高峰（41%）相比卻還是少了一些。

另一方面，最近美國大學畢業生中有55%以上是女性，這一點也有影響[43]，因為美國女性大學畢業生僱用率遠低於男性。舉例來說，美國25至34歲女性的勞動參與率，從1996年的75.4%降到2016年的74.5%，減少了0.9%，特別是35至44歲女性的勞動參與率，更是從1996年的77.5%降到2016年的74.5%，減少了3%。結論就是，辛苦念到大學畢業後，不曾求職或找不到工作的女性比例正在持續增加。

因此，整個社會的工資調升壓力只會越來越小。即便給予大學畢業生很高的工資，大學畢業生的比例本來就不高，加上占多數大學畢業生比例的女性勞動參與率降低的情況下，可能會造成社會整體的平均工資反而下降。

針對這個問題，可能有很多讀者都想知道美國女性離開勞動市場的原因，但是這和本書的主題沒有直接關聯，因此只能簡略說明。應該有著許多的原因，其中最重要的是因素是「愛情」，大學畢業女性在婚姻市場上相當受歡迎，因為

42　NCES (2019), "College Enrollment Rates".

43　關於這個問題可參見本章最末「更進一步」專欄：「為何美國男性的大學就學率偏低？」。以韓國為例，首爾主要的大學名校為基準，女學生的比重在2010年代中期多半超過40%。

大學畢業等於驗證了頭腦聰明，而且職涯方面的預期所得也會比其他女性來得高。

最近有一本很有趣的書《婚姻市場：不平等如何重塑美國家庭？》（*Marriage Markets: How Inequality Is Remaking the American Family*），兩位作者在書中如此形容美國真實的婚姻市場：

> 兩位作者〔明尼蘇達大學（University of Minnesota）教授喬·卡本（June Carbone）與喬治華盛頓大學（George Washington University）教授娜奧米·卡恩（Naomi Cahn）〕對許多深信婚姻制度是養育小孩最有效途徑的美國人指出，如今婚姻不再是讓人感興趣的事，而且難以實現。結婚的夫妻有一半會離婚，美國出生的小孩裡有40%是單親媽媽在母兼父職。……
>
> 全美所得超過30%（即大學畢業生）的人們，心目中的婚姻還是和過去差不多，在他們的想法裡，婚姻世界的離婚率低，而且生活過於忙碌，不認為自己有餘力在離婚後還能重回婚姻市場，尤其是富裕的父母都會把婚姻制度的優點和好處灌輸給下一代。兩位作者表示，美國社會裡唯有上層階級，才有時間和金錢投資在子女身上[44]。

---

44 *The New York Times* (2014. 7. 26.), "If Marriage Moves Beyond Our Means".

　　真是一段令人傷感的描述，美國的婚姻制度已經變成只對「少數」人有意義，算是只有受過高等教育的男女才有資格結婚的世界來臨了。

　　因此美國高學歷女性的勞動參與率日漸低下，因為女性在背負生育與育兒包袱的狀況下結婚，就意謂緊接著要「脫離勞動市場」。更進一步來說，高所得階層的生育率日亦攀升的現象，也導致高學歷女性的勞動參與率下降[45]。

　　從結論而言，在技能偏向的技術變革造成的工資差距日益擴大下，美國的大學就學率偏低，占大學畢業生55%的女性勞動參與率下降，造成美國實質工資調升的可能性更加渺茫，尤其是在2020年爆發新冠肺炎，造成失業率急速攀升，實質工資勢必會承受更大的下滑壓力。

45　Pew Research Center (2018. 1. 18), "They're Waiting Longer, but U.S. Women Today More Likely to Have Children Than a Decade Ago".

　　美國實質工資無法提升的另一個原因為何？一如前述提及，儘管「技術變革」對美國社會是帶來巨大衝擊的因素，但是從爭議或爆發力層面而言，「全球化」的問題造成更大影響。

　　川普當選總統足以證明一點，美國相當多數的選民認為，包括中國在內有很多人都轉到新興國家，尋找工作機會，外國勞工的入境，進而導致自身生活陷入困境的機率提高。到了這裡，恐怕不少讀者會有這樣的疑問：

　　　「美國選民為什麼會擔心全球化衝擊，勝過『資通訊變革』帶來的失業？」

　　因為事實「擺在眼前」，原本上班的公司突然倒閉，移往中國或墨西哥而發生的大規模失業事件，是讓人想忘也忘不了的打擊。事實上，根據美國勞動經濟學界明星大衛‧奧托（David H. Autor）等人分析的報告，如實呈現全球化衝擊具有集中在特定地區的特性[46]。

---

46 NBER (2016), "The China Shock: Learning from Labor Market Adjustment to Large Changes in Trade".

◉ 全球化對美國的就業機會與 工資調升造成的衝擊

　　下圖是美國在與中國貿易而流失就業機會的區域，顏色越深就代表流失越多就業機會的區域。一眼就能看到五大湖沿岸的汽車業與鋼鐵業集中地，以及東部的紡織業與醫療相關的就業機會流失最多。一如讀者們所想的，這些區域正是2016年美國總統大選中，最積極支持共和黨候選人川普的地區。

　　順帶一提，美國在與中國貿易裡流失的就業機會估計約為98萬到200萬個工作。美國的就業機會是1.48億個，不過占整體就業機會的0.6%至1.3%。可是以勞工的立場來說，

美國在與中國貿易而流失就業機會的區域

資料來源：*The Wall Street Journal* (2016. 4. 11.), "Why China Trade Hit U.S. Workers Unexpectedly Hard"

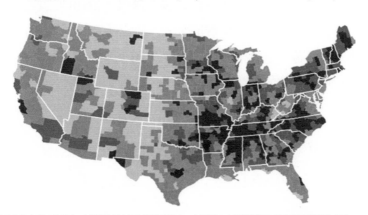

地圖上顏色越深的地方，就業機會減少的規模就越大，主要以五大湖沿岸的汽車業與鋼鐵業集中地、東部的紡織業及醫療相關的就業機會流失最多。

雇主一句「我要把工廠轉移到有低工資勞工的中國」的威脅，便足以讓他們在工資協商中失去優勢，被迫成為抑制工資調升壓力的角色。

在此要稍微補充說明的是，並非所有的國際貿易都會造成就業機會流失。在歐洲等已開發國家的貿易上，就業機會快速消失的衝擊並不足以令人擔憂，因為相對來說各有各的強項，比方說像是在高級汽車領域中，德國擁有優勢；資通訊領域則是美國的強項，國際貿易的交流只會提升整體經濟效率，更會凸顯把餅做大的層面。

相反地，在與中國等開發中國家的貿易上，就業機會流失的問題就較為嚴重了，原因在於中國或印度等開發中國家的消費者購買力不足，而且市場開放性低，嚴重欠缺從美國或德國等已開發國家進口。因此增加與開發中國家的貿易，能讓整體經濟的通貨膨脹壓力降低，進而改善消費者購買力，但是以就業機會層面來說，則凸顯勞工「純外流」的問題。不過，也會帶來抵制已開發國家工資調升的效果。總之，美國實質工資調升的可能性並不高。

10 ▷ 原因三：勞動力高齡化

　　削弱美國實質工資調升壓力的最後一個因素，要談的是「高齡化」。過去認為，嬰兒潮世代的退休造成經濟活動人口減少，導致人工成本提高，退休的老年人會提領儲蓄的錢消費，促使利率和物價上升的觀念當道[47]。然而，事實正好相反。

　　2000年代中期，儘管嬰兒潮世代開始退休，物價、工資及利率上升的情況卻沒有出現。正確來說，反而是物價和工資、利率全都下跌，究竟是什麼原因造成這種現象？

◉ 嬰兒潮世代退休，為什麼工資卻下滑？

　　最大的原因是2008年發生全球金融危機，而另一個原因則可能是老年人口的行為變化。

　　從下圖可看到美國老年人的勞動參與率。1996年美國65至74歲老年人的勞動參與率只有12.1%，不過到了2006年，這些人的勞動參與率提高到15.4%，2016年更是上升到19.3%。

47　NBER (2011), "The Determinants and Long-term Projections of Saving Rates in Developing Asia".

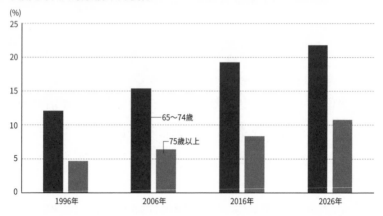

美國老年人口的勞動參與率變化　　　資料來源：美國勞工統計局，僱用預估計畫（2019年）

這種異常現象出現的最大原因是「健康」，1971年美國45至49歲的死亡率（每1,000人中當年死亡人數的比例）是7.37人，但是2015年美國50至54歲的死亡率卻下降到6.08人，也就是說如今50世代的人比四十年前40世代的人更健康，結果美國出生在1946年至1964年間的7,800萬名嬰兒潮世代，從勞動市場退休的時機便越來越延後。

問題是美國高齡者的工資水準遠遠低於社會平均值，根據亞特蘭大聯邦儲備銀行統計，2009年後美國55歲以上勞工的年均工資調升率創下1.47%，而25至54歲的工資調升率則為2.81%，相較之下，高齡者少了1.34%。像這樣美國高齡者工資調升受到抑制的最大原因是工作結構改變，根據最近發表的美國勞工統計局就業展望資訊，往後十年就業機

後疫情時代的經濟走向與投資策略

會前景看好的領域是健康管理相關職業，其次則是電腦與數學方面的工作[48]。也就是相較於增加的就業機會中，大部分需求高強度勞動或高學歷，嬰兒潮世代卻隨著年齡增長，肌力下降，又相對沒有受過符合資通訊社會的教育，可說是被這股潮流孤立的族群，因此有文章指出，最近美國的利率下滑，大部分是因為「高齡化」的緣故[49]。

◉ 高齡化對美國利率與物價下跌的影響

聖路易斯聯邦儲備銀行發布的報告內容概要如下，第一個途徑是潛在產出成長率下滑。高齡化會造成整體經濟的成長彈性降低，即便他們參與勞動市場，但是生產力偏低，會拖累整體經濟的成長彈性。

高齡化造成利率下降的第二個途徑是，經濟活動人口對未來感到不安。年輕世代看見60歲以上的嬰兒潮世代無法退休，繼續找工作的身影，深怕自己將來也會苦於老後的貧困，因而更積極地儲蓄。事實上，從2005年至2008年美國的儲蓄率確實持續提高，由此可判斷嬰兒潮世代的延後退休與高齡化傾向，不僅會抑制實質工資調升，還發揮造成物價下跌的效果。

48　U.S. Bureau of Labor Statistics (2019), "Employment Projections Program".

49　St. Louis Fed (2019), "Factors Behind the Decline in the U.S. Natural Rate of Interest".

到目前為止，最終在技術變革、全球化及高齡化的浪潮下，美國勞工的實質工資無法提高，而美國的物價上漲彈性也因此受到抑制，但是還有一個疑問：

「決定物價的因素難道只有『工資』這種供給因素嗎？如果貨幣當局釋出太多資金，是否會提高通貨膨脹的危險？」

確實很有道理，下一章將解開這個疑問。

已開發國家家庭的資產結構

美國家庭資產中有70%是金融資產？
──統計的錯覺

　　韓國金融投資協會完成的「2014年主要國家家庭資產結構比較」中，韓國家庭收支裡不動產等非金融資產的比例特別高，而美國家庭收支則是整體資產中有70%以上投資金融資產，金融資產裡又以股票／基金的比例達40%以上，呈現偏好股票的情形[50]。

　　只是我們在解讀這份統計時，還要再多考慮一件事，就是「平均值的陷阱」。

主要國家家庭資產結構比較　　　　　　　資料來源：各國中央銀行

區別	韓國	美國	日本	英國	澳洲
非金融資產	75.1%	29.3%	39.9%	50.4%	60.4%
金融資產	24.9%	70.7%	60.1%	49.6%	39.6%

基準點：韓國（2012年）、美國（2013年）、日本（2012年）、英國（2012年）、澳洲（2013年第2季）。

50　韓國金融投資協會，「2014年主要國家家庭資產結構比較」，2015年。

已開發國家的中高收入與中低收入族群的資產結構有何不同？

下表是所得最高前20%（第五分位組）與所得61%至81%階層（第二分位組）的資產分配。

主要國家依所得劃分的五等分位組家庭淨資產對照表 　單位：% | 資料來源：國際清算銀行

區別	等級	資產					負債		資產負債率（倍）
		儲蓄	股票	債券	基金	不動產	房貸	其他負債	
美國	第五分位組	12.4	15.1	3.4	14.6	54.5	90.9	9.1	1.1
	第二分位組	7.5	0.6	0.2	0.6	91.1	76.1	23.9	3.4
	比例差異	4.9	14.5	3.2	14.0	−36.6	14.8	−14.8	−2.4
英國	第五分位組	15.8	6.2	4.6	2.5	70.9	92.5	7.5	1.0
	第二分位組	17.9	1.6	1.1	0.1	79.3	87.8	12.2	1.7
	比例差異	−2.1	4.6	3.5	2.4	−8.4	4.7	−4.7	−0.6
法國	第五分位組	11.9	7.3	0.9	3.4	76.5	73.0	27.0	1.1
	第二分位組	34.5	1.2	0.0	0.8	63.5	78.4	21.6	1.6
	比例差異	−22.6	6.1	0.9	2.6	13.0	−5.4	5.4	−0.6
德國	第五分位組	16.2	3.8	3.4	5.0	71.7	91.8	8.2	1.1
	第二分位組	57.1	0.9	0.0	1.8	40.2	66.7	33.3	1.4
	比例差異	−40.9	2.9	3.4	3.2	31.5	25.1	−25.1	−0.3
義大利	第五分位組	8.5	1.3	5.1	2.8	82.2	69.9	30.1	1.0
	第二分位組	13.7	0.3	2.2	0.6	83.1	80.4	19.6	1.2
	比例差異	−5.2	1.0	2.9	2.2	−0.9	−10.5	10.5	−0.2
西班牙	第五分位組	12.5	3.3	0.5	2.7	80.9	84.3	15.7	1.1
	第二分位組	5.1	0.2	0.1	0.3	94.4	89.7	10.3	1.3
	比例差異	7.4	3.1	0.4	2.4	−13.5	−5.4	5.4	−0.2

所得最高的第五分位組家庭收支在金融資產的比例，比第二分位組的家庭收支來得高，較少使用以負債投資。

首先看一下美國，所得最高的20%階層（第五分位組）把整體資產的15.1%投資在股票上、14.6%用於投資基金，而不動產方面的投資比例則只有54.5%，也就是如果按照所得高低，把美國人從第一名排到第一百名，囊括第一至二十名中高收入族群，在股票或基金的投資比例遠高於社會平均值。

但中低收入族群（所得61%至80%階層，第二分位組）則是把整體資產的91.1%用於不動產投資，股票投資的比例卻只有0.6%。可想而知，美國家庭收支的「平均」高比例股票投資，是因為中高收入族群對股票的偏愛。

這種現象不只發生在美國，英國也是如此，家庭收支中不動產比例只占50.4%，中低收入族群的不動產持有比例則高達79.3%。

由此可見，對大部分的中低收入族群而言，股價上漲「和自己無關」，中高收入族群才能坐收股價上漲帶來的豐厚利潤，但是他們同時也有很多儲蓄，所以股價上漲的效果難以分散到整體經濟上；相反地，奢侈品等中高收入族群偏好的部分產業，則會充分反映股價上漲的好處。

為何美國男性的大學就學率偏低？

前面曾提及，美國偏低的大學就學率不但抑制實質工資的調升，甚至造成物價上漲與經濟成長的彈性降低。不過，從最近美國大學就學率的動向，可以發現一個特徵，就是相較於男性，女性的大學就學率非常高。無關種族、民族，這是在任何條件下都可能出現的情形。既然如此，可能會想到一個問題：

「大學畢業生在美國很容易找到工作、薪資也高，為什麼男性不像女性那樣就讀大學呢？」

依性別／種族劃分的美國大學就學率變化　　資料來源：美國教育統計中心（NCES，2019年）

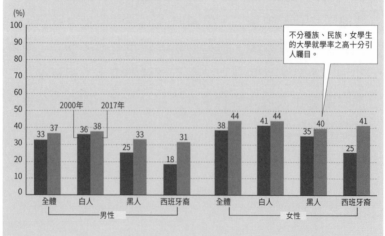

後疫情時代的經濟走向與投資策略

　　可能有很多原因，最近美國國家經濟研究局多位學者合著的一份有趣報告指出，從「電玩」可找到年輕男性大學就學率和勞動參與率下滑的原因[51]。

　　如下圖所示，21至55歲全體男性僱用率在全球金融危機後迅速恢復，但是非大學畢業生的男性（21至30歲）僱用率在金融危機爆發前原本就處於下滑狀態，至今仍無法縮短與21至55歲全體男性僱用率的差距。

　　於是，論文作者們注意到這個問題，為什麼美國的年輕男性都不就讀大學，也不去工作？

依年齡劃分大學畢業生與非大學畢業生的美國男性僱用率　　資料來源：美國勞工統計局

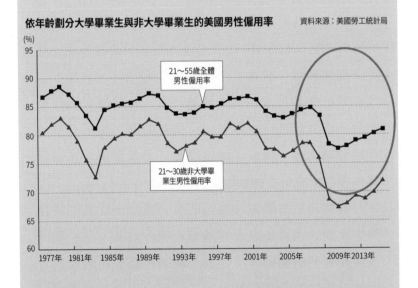

51　資料來源：NBER (2017), "Leisure Luxuries and The Labor Supply of Young Men".

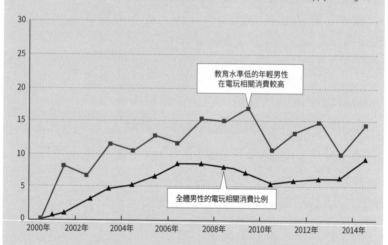

依美國男性教育水準劃分的電玩相關消費比例

資料來源：NBER (2017), "Leisure Luxuries and The Labor Supply of Young Men"

教育水準低的年輕男性
在電玩相關消費較高

全體男性的電玩相關消費比例

　　論文作者們透過消費者支出，調查針對年輕男性，尤其是將教育水準低的年輕男性（Less Educated Young Men, LEYM）之消費支出與同齡男性的平均相比，結果發現，教育水準越低的年輕男性，消費支出落在嗜好的情形就越高。具體而言，像是昂貴的娛樂產品，也就是電玩相關支出比例為15%，屬於偏高。在這個環節裡，可以了解這應該就是美國男性大學就學率與就業率低下的原因之一。

　　這篇論文當然無法說明所有的情形，因為對年輕男性來說，也可能是面對沒有希望的現實，至少電玩可以是暫時的避難所。然而，原因和結果可能相反，因此這篇論文其實較適合用於了解，現今美國青少年如何生活，以及面臨什麼困境。

第 4 章

釋出那麼多貨幣，
物價為什麼沒有上漲？

第3章探討美國經濟的三個變化,技能偏向的技術變革、全球化及高齡化造成整體經濟的工資調升率下降,更是加深貧富不均的因素,只是這部分讓人有一個疑問:

　　　「難道只能以『工資』這種供給因素說明物價嗎?」

　　這種疑問很合理,不是也有主張「通貨膨脹是貨幣現象」的經濟學家嗎?美國和歐洲的中央銀行都實施零利率,甚至展開量化寬鬆政策來釋出資金,為什麼還是不見物價上漲?本章將揭曉答案。

11　調降利率，讓貨幣回流經濟

2008年全球金融危機後，世界主要國家的中央銀行都祭出史上最低利率（順帶一提，美國聯準會在2020年3月因應新冠肺炎，將政策利率調降到史上最低的0.0%至0.25%，同月韓國銀行也將基本利率降到0.75%）。結果，大量貨幣因而注入整體經濟。

下圖清楚呈現美國的政策利率與貨幣供給之間的關係，圖中可看出，每當政策利率下降時，市場的貨幣（M2）供給量成長率就會大幅提升；相反地，政策利率調漲時，貨幣供給量成長率就會趨緩。這裡的貨幣（M2）是指，現金（與活期存款）加上儲蓄存款。簡單來說，就是把現金和銀行用於存戶提領的資金來源加總在一起[52]。

到這裡，讀者可能會有這樣的疑問：

「存款利率下降，但是銀行的各種儲蓄卻增加了！不是應該相反嗎？」

---

[52] 韓國銀行對於 M1、M2 的定義如下：「M1（狹義貨幣供給）是著重貨幣的支付與結算功能的指標，是流通在市場的現金與儲蓄最高機構的可清償性存款加總，也就是現金及隨時都能提領的一般存款、活期存款等都屬於 M1；M2（廣義貨幣供給）則是加總 M1 與儲蓄最高機構的各種儲蓄性存款、市場性金融商品、股利分配型金融商品、金融債及居民存款的加總。」

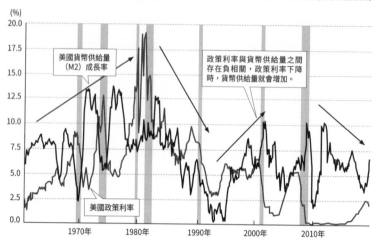

很合理的邏輯，只是還需要同時考量到政策利率調降產生的各種效應。

◉ 政策利率下降初期與後續的不同之處

當政府與中央銀行把政策利率調降時，銀行的存款利率也會隨之下降，對存款戶而言，這時候與儲蓄相比，會對投資更感興趣。因為當存款利率下降，人們會開始覺得從銀行提領金錢，進行不動產或股票等所謂「風險投資」會更有意思。換言之，政策利率下降初期，銀行儲蓄就變得不再有吸引力，還會出現貨幣供給短暫減少的現象。

不過，隨著時間推移，儘管利率下降，但銀行存款反而增加，原因在於，從銀行貸款借出的金錢會重新回流到儲蓄。

後疫情時代的經濟走向與投資策略

中央銀行釋出的貨幣量增加多少？
——貨幣乘數

　　A汽車公司趁著利率下降時，向銀行貸款興建廠房，並增聘人手。當該公司用貸款支付下游廠商、器具貨款及員工工資時，這些款項就會轉入他們的存款帳戶。下游廠商和員工在拿到錢後，不見得會原封不動地存在銀行裡，而是可能會再添購零件或採買生活必需品，花費這些錢。錢就是在這些過程中不斷循環，而循環的錢就會繼續流向銀行等金融機構。

　　基於估計這種現象的需求而開發的指標，就是貨幣乘數（Money Multiplier）[53]。簡單來說，貨幣乘數是用來估算中央銀行釋出貨幣量增加幅度的一個指標。

　　韓國的貨幣乘數是15倍左右，這句話的意思是，身為中央銀行的韓國銀行藉由調降利率與公開市場操作[54]，對市場釋出的貨幣大量增生15倍以上，然後讓貨幣再回流到銀行的儲蓄窗口。

　　換言之，當政策利率降低時，貨幣就會注入經濟，貨幣的注入能提高景氣好轉的可能。「不要得罪中央銀行」的股市格言，可說是有其存在的道理。

---

53 韓國銀行關於貨幣乘數的定義如下：「中央銀行供給的基礎貨幣會透過存款銀行信用創造的過程，使得倍數擴張的貨幣流通於市場上。貨幣乘數是指一單位的基礎貨幣創造出供給量倍數擴張的指標，主要是將貨幣總量化為基礎貨幣來計算。」

54 關於公開市場操作可參見本章最末「更進一步」專欄：「中央銀行的公開市場操作如何讓資金注入市場？」。

12 注入那麼多的貨幣，為什麼物價沒有上漲？

現在我們已經了解，中央銀行開始調降利率時，貨幣供給量會增加、景氣會好轉的原因。不過，這時候要想到一個問題：

「2008 年全球金融危機後，隨著零利率政策的實行，大量貨幣注入市場，為什麼卻不見物價上漲？」

諾貝爾經濟學獎得主米爾頓‧傅利曼（Milton Friedman）認為，「通貨膨脹是貨幣現象。」[55] 以他的主張為基本概念，我們要討論一下「貨幣數量學說」（Quantity Theory of Money）。

◉ 通貨膨脹與貨幣的方程式

首先，名目國內生產毛額是指，一個國家在一定期限內（通常為期一年）生產的最終產品市場價值加總。計算名目

---

55 韓國《經濟日報》，〈傅利曼教授「物價上漲永遠都是貨幣現象」〉，2006 年 11 月 18 日。

國內生產毛額很簡單，卻有一個問題，就是市場價值還包括物價波動。

舉例來說，100兆韓元的名目國內生產毛額在次年度變成120兆韓元，成長20%，假設同期物價也上漲20%，表示這個國家的實質成長率是0%。因此，將出現以下的相互關係。

名目國內生產毛額成長率＝物價上漲率
　　　　　　　　　＋實質國內生產毛額成長率(1)

不過，從歷史的角度來看，如下圖所示，貨幣供給量和名目國內生產毛額有著以類似速度增加的傾向。以直覺來說，相當具有說服力，因為名目國內生產毛額是一國生產的

美國的名目國內生產毛額與貨幣供給量（M2）曲線　　資料來源：聖路易斯聯邦儲備銀行

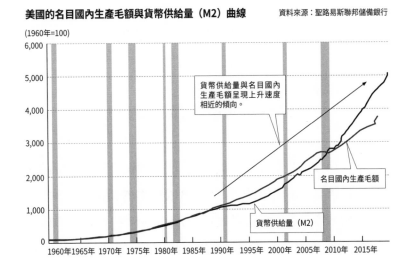

（1960年＝100）

貨幣供給量與名目國內生產毛額呈現上升速度相近的傾向。

名目國內生產毛額

貨幣供給量（M2）

總附加價值，而貨幣供給量可說是經濟的血液。然而，這樣的關係在過去能成立，並不代表未來也會永遠成立。因為貨幣在一年中可重複使用一次以上，所以貨幣供給量不一定與名目國內生產毛額一致。我們先把這個問題放在一邊，假設貨幣供給量與名目國內生產毛額以一致的速度增加，以下的算式(2)就能成立。

貨幣量成長率＝名目國內生產毛額成長率(2)

現在把算式(1)代入算式(2)，產生以下的變化：

貨幣量成長率＝物價上漲率

　　　　　　　＋實質國內生產毛額成長率(3)

再將算式(3)代入物價上漲率，整理後如下：

物價上漲率＝貨幣量成長率

　　　　　　　－實質國內生產毛額成長率(4)

算式(4)即為「通貨膨脹方程式」，算式(4)的意義很明確。在貨幣量成長率高於實質經濟成長率的情況下，換句話說，假使貨幣流通的速度比經濟成長速度快，那麼物價上漲的壓力就會變高。順帶一提，算式(4)的右項（貨幣量成

長率—實質國內生產毛額成長率），稱為「流動性過剩」
（Excess Liquidity）。

◉ 貨幣數量學說的預測真的可信嗎？

下圖顯示美國的經濟流動性過剩與消費者物價上漲率的
關係，直到1990年前後為止，流動性過剩的增加，清楚顯
示消費者物價上漲率隨之提高的相互關係，但是在那之後，
兩者之間的特殊關係就消失了。

最具代表性的例子發生在1990年至1996年之間，當時
美國的流動性過剩雖然急劇減少，但是通貨膨脹的程度並沒
有太大變化。相反地，2008年全球金融危機之後，儘管流動
性過剩攀升，但還是可以發現通貨膨脹壓力反而下降，也就
是提出「通貨膨脹是貨幣現象」的傅利曼主張，至少在1990
年代後就失去了說服力。

究竟為什麼會出現這樣的變化？我們來找出答案。

美國的流動性過剩與消費者物價上漲率曲線　　　　　　　　　　　資料來源：聖路易斯聯邦儲備銀行

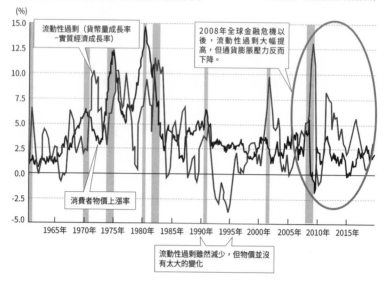

流動性過剩（貨幣量成長率－實質經濟成長率）

2008年全球金融危機以後，流動性過剩大幅提高，但通貨膨脹壓力反而下降。

消費者物價上漲率

流動性過剩雖然減少，但物價並沒有太大的變化

13 物價沒有上漲的兩大原因

1990年代後期開始，貨幣大舉注入市場，為什麼物價沒有上漲？大致有兩個原因。

第一個原因是生產力創新。資通訊產品的價格持續下跌，勞工工資調升困難重重，儘管貨幣供給量增加，但物價上漲仍受到抑制。關於這部分在第2章和第3章已有充分說明，所以在此省略。

另一個原因則是「信貸緊縮」現象，所謂信貸緊縮，簡單來說，就是金融機關不願意借錢給破產或發生金融危機等重大信用事故的公司行號，導致市場上貨幣供給不足的情形。即便中央銀行基於景氣停滯而調降利率，但是銀行擔心借給企業或是個人的錢無法收回，而不願意放款，寧可把錢放在中央銀行。在這種情況下，即使中央銀行努力調降政策利率，並增加貨幣供給量，貨幣也無法注入實際的經濟裡。

◉ 全球金融危機與美國銀行的恐懼

即使釋出貨幣，卻因為信貸緊縮使得貨幣無法流通，導致物價無法上漲的第二個主張，比起1990年代更適合用來說明2008年以後的情形。

下圖是美國聯準會準備的超額準備金，2015年超額準備金達2.4兆美元。通常銀行會基於預防存戶突然擠兌的要求，把部分存款放在中央銀行，稱為「準備金」。所謂超額準備金是指，準備的金額超過政府規定的金額，比方說規定只要將存款的10%作為準備金即可，結果卻存了15%或20%的錢[56]，從當時超額準備金利率在0.00%至0.25%的角度來說，在幾乎是無法增加利息收入的情況下，銀行卻仍這麼做。

美國存款機構的超額準備金曲線圖

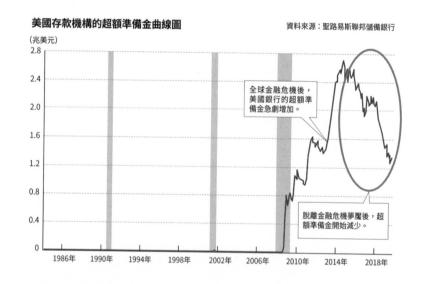

（兆美元）

資料來源：聖路易斯聯邦儲備銀行

全球金融危機後，美國銀行的超額準備金急劇增加。

脫離金融危機夢魘後，超額準備金開始減少。

---

56 以美國來說，存款未達 4,430 萬美元的小型銀行準備金利率是 3%，存款達 4,430 萬美元以上的銀行準備金利率則為 10%。

　　2008年全球金融危機後，為什麼美國眾多銀行要做出這種像是乾脆放棄賺錢的舉動？原因就在，銀行對「真實貸款情況」的恐懼。

　　下圖是美國用於房屋抵押貸款的貸款拖欠率，與銀行貸款成長率的比較，這裡的拖欠率是指，銀行借出的錢在無法按時償還利息或本金時，貸款占整體貸款的比例，也就是拖欠率越高，銀行借出的錢被賴帳的風險就會越高。實際上，我們可從圖中看到，2008年抵押貸款率快速增加時，銀行減少貸款的情形。

　　一旦貸款拖欠率急劇增加或持續停留在高點，銀行的收益就會惡化，而且資本適足率會降低，甚至可能要面臨破產的危機。如果銀行破產，將會導致信貸緊縮，並且可能引發

美國的抵押貸款拖欠率及銀行貸款成長率曲線圖　　　　資料來源：聖路易斯聯邦儲備銀行

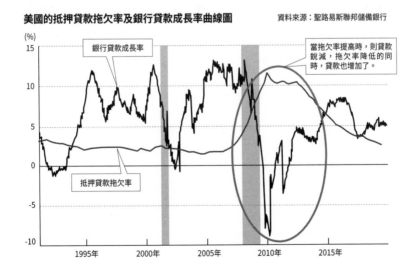

嚴重的景氣衰退。

當銀行的貸款拖欠率提高，且資本適足率降低時，政府就會採取強硬的規範。因此一旦資本適足率降到安全水準以下，一開始銀行可能會採取解僱員工等減少支出的途徑，可是一旦被判定為復元機會渺茫的情況下，聯邦存款保險公司（Federal Deposit Insurance Corporation, FDIC）等官方機構，就會出面關閉銀行或出售等，果斷執行結構重整[57]。於是，當金融機關預估拖欠率可能會快速增加等發生貸款虧損情況時，就會盡可能地採取保守的經營策略。

總之，生產力創新與信貸緊縮，正是1990年開始中央銀行釋出貨幣卻不見物價回升的原因。特別是在2008年全球金融危機之後，金融界對於不實惠的貸款抱持恐懼心態，對物價造成巨大影響。不過幸運的是，在2020年突發新冠肺炎疫情，造成全球性景氣停滯的危機下，美國聯準會與韓國銀行等各國中央銀行都調降政策利率，果真能像2008年一樣發揮同樣的效果嗎？接下來將探討這個部分。

---

57 關於銀行的資本適足率規範，可參見第126頁「更進一步」專欄：「全球金融危機和美國銀行的資本適足率」。

14 新冠肺炎的衝擊與 2008 年全球 金融危機有何不同？

對於 2008 年全球金融危機的恐懼已經緩和許多，但是所受創傷似乎至今尚未完全消失。2020 年新冠肺炎爆發後，全球金融市場又開始動搖，這是因為新冠肺炎造成的衝擊，加深可能導致金融機構健全性惡化的憂慮。

不過，必須從以下兩點來區分 2008 年和最近的「新冠肺炎事件」。

◉ 其實不是大蕭條，只是一場大暴風雪

第一，2008 年全球景氣低迷是因為「金融危機」，不動產價格暴跌，不動產抵押貸款利率爆增，許多家庭無法按時繳交現金或利息。家庭收支拖欠率開始攀升，包括花旗銀行（Citibank）在內的美國幾家主要銀行的健全性惡化，然後一切導向現金擠兌的局面。

不過，這一次面臨的問題是實體經濟的危機。對傳染病的恐慌蔓延，人們開始減少外出，政府甚至嚴格要求人們保持社交距離的同時，消費與投資也在慢慢凍結。由此可見，這一次的危機基本上有著與「金融危機」截然不同的屬性。

前一陣子，美國前聯準會主席班・柏南克（Ben Bernanke）在媒體訪談中表示：「這一次的危機不是大蕭條，而是大暴風雪。」人們因為強烈的外部衝擊，減少消費和投資行為，會造成經濟上的莫大衝擊[58]。不過，一旦大暴風雪停止，人們又會開始走出戶外，接著出現的就是強勁的景氣反彈。雖然這一次的大暴風雪（即新冠肺炎事件）是前所未有的巨大規模，但我們必須體認到的是，這一次與金融危機是完全不同屬性的衝擊。

◉ 銀行體質比過去健全

第二個特徵是「強硬的規範」。主要銀行的國際清算銀行（Bank for International Settlement, BIS）資本適足率（Capital Adequacy Ratio, CAR）在2008年全球金融危機前只有10%左右，最近卻急劇上升。例如，美國商業銀行的BIS資本適足率在2019年6月底達到14.61%，而韓國銀行與銀行控股公司以2019年底為例，BIS資本適足率達到15.25%[59]。當然並不是BIS資本適足率高就能無條件地保障銀行的健全性，但是也很難說銀行的處境比過去來得危險。

---

58 CNBC (2020.3.25), "Bernanke: Coronavirus disruptions 'much closer to a major snowstorm' than the Great Depression".

59 金融監督管理委員會，「2019年底銀行與銀行控股公司BIS資本適足率現況（暫定）」，2020年3月23日。

　　因此，像2008年後金融機構回收貸款，並將多餘金錢交由中央銀行保管的這類事件，會更頻繁發生的可能性很低。不過，目前面臨前所未有的經濟衝擊，而銀行也都尚未完全擺脫2008年全球金融危機的創傷，以至於市場上貨幣快速流通的可能性並不高。最終，即便包括美國聯準會在內的全球中央銀行都將貨幣注入市場，但無法廣為流通的「信貸緊縮」時期仍可能會持續相當長的時間，未來更會成為將整體經濟的通貨緊縮壓力推向更高點的因素。

　　不過，還是有些問題需要釐清。第5章將探討外部衝擊是否可能造成通貨膨脹急劇發生的危險。

中央銀行的公開市場操作，
如何讓資金注入市場？

　　韓國是由每年召開八次的金融貨幣委員會決定政策利率，不過也不是決定政策利率，銀行的存款利率就會自動配合決策，每家銀行都有自己的狀況，所以有的能迅速配合利率變化，有的只能慢慢跟上。但是最終所有市場的核心利率都會回歸政策利率要求的水準，原因就在公開市場操作（Open Market Operations）。

透過公開市場操作釋出、回收貨幣

　　公開市場操作是指，中央銀行以影響利率和銀行體系為目的，而買賣證券（通常是政府公債）的行為[60]。關於中央銀行決定的政策利率，更具體的說法就是，管控以一天到期的銀行間貸款〔隔夜拆款（Overnight Loans）〕利率（通常是「一日拆款利

60　St. Louis Fed (2019), "What are Open Market Operations? Monetary Policy Tools, Explained".

率」，或是直接稱為拆款利率。拆款利率是金融機構間以一、兩天的短期為限，借用急用資金時採用的利率），也就是由政府來決定銀行間互相借用資金的市場利率。

銀行之所以會在銀行間市場（Interbank Market）借調資金，是因為需要在期限內備妥給付準備金等政府規定最低資金的需求。比方說，資金緊縮的C銀行為了籌措給付準備金，而向銀行間市場調集資金，此時所需支付的利息就會依據政策利率的標準而定。

當然，銀行間市場的利率（以下稱為「拆款利率」）並非總是能和政策利率的標準一致，如果有很多像C銀行處境的銀行，可能就會以高於政策利率的水準來決定拆款利率，這時候中央銀行就會實行公開市場操作。例如，如果拆款利率高於韓國銀行的目標水準（即政策利率）為0.75%，韓國銀行就會在債券市場積極地高喊「買入」來購買債券，這是透過從市場買進債券並付款，讓充足的貨幣注入市場，此時市場的資金充足，拆款利率也會降到政策利率的水準（即0.75%）。

相反地，如果有太多貨幣注入市場，造成拆款利率低於政策利率（即0.75%）時，就會反向執行公開市場

操作，也就是韓國銀行會在金融市場出售持有的債券，然後自然而然就能回收資金。如此一來，市場中的資金充足，拆款利率也會提高到政策利率的水準。

最終，調降利率即是將充足的資金注入銀行間市場，而中央銀行積極買進債券則是在注入貨幣。透過調降利率來降低家庭收支和企業的利息負擔，而且經由公開市場操作供給的貨幣，也能發揮「刺激景氣」的效果。

更　進　一　步

貨幣數量學說難道已過氣？

以1990年代後的發展局勢，使貨幣數量學說不再有說服力

　　如同前面已經探討，從1990年代以來，美國就積極將貨幣注入市場，即使已經形成流動性過剩，還是不見消費者物價大幅上漲。「通貨膨脹是貨幣現象。」也就是傅利曼認為市場上的貨幣數量一旦急劇增加，將會造成通貨膨脹的主張，至少到了1990年代後就漸漸失去說服力。從這一點來看，貨幣數量學說較像是該放在博物館展示的文物。但是，從長遠的眼光來看卻不一定。

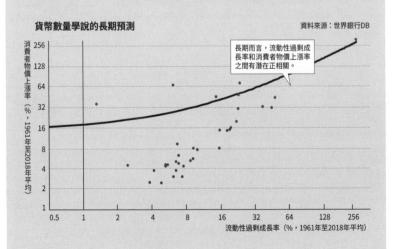

貨幣數量學說的長期預測　　　　　　　　　　　資料來源：世界銀行DB

長期而言，流動性過剩成長率和消費者物價上漲率之間有潛在正相關。

消費者物價上漲率（％，1961年至2018年平均）

流動性過剩成長率（％，1961年至2018年平均）

從長遠角度仍可成立

　　從上頁圖中，我們要觀察的是主要50個國家的流動性過剩成長率（M2成長率–實質經濟成長率），與消費者物價上漲率的關係。

　　從圖中可看到，長期而言，流動性過剩成長率與消費者物價上漲率之間有潛在正相關，也就是長遠來說，流動性過剩成長率上升時，消費者物價也會跟著上漲（順帶一提，圖中資訊是1961年至2018年平均消費者物價上漲率和貨幣供給量成長率，以及實質經濟成長率）。換言之，貨幣數量學說在長期是可以成立的，但是在特定條件或經濟環境的變化下就不一定適用。

更 進 一 步

全球金融危機與美國銀行的資本適足率

銀行是將從存款戶（與債權持有人）與股東手上籌措的資金，貸款給有需要者的機構[61]，這些從股東手上籌措而來的錢稱為「資本」（Capital）。

萬一銀行持有的資產價值（約為放貸）低於持有負債（存款等），股東持有的價值便等於零。最後，這家銀行會處於無法給付的狀態，此時存款保險公司會因為代付存款，承擔巨大的損失。

一旦銀行破產，會面臨困境的不只是存款保險公司。由於金融體系也會連帶遭受巨大衝擊，政府當局會要求銀行提出，維持健全營運所需的最低限度資本（通常是BIS資本適足率8%以上），而這筆要求資本便在銀行的資產價值與負債之間發揮緩衝作用。

下圖是美國銀行的風險資產（大部分是貸款）與資本適足率之對比，可以看到美國銀行的資本適足率在2008年爆發全球金融危機時下跌到11%，然後反彈。2010年開始，資本適足率超過15%，可看出美國銀行具備堅實的資金結構。

61　St. Louis Fed (2019), "Can Countercyclical Capital Buffers Help Prevent a Financial Crisis?".

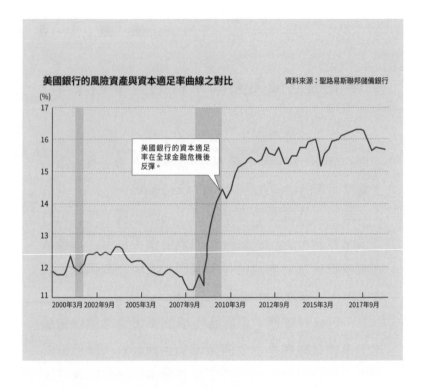

美國銀行的風險資產與資本適足率曲線之對比　　　　資料來源：聖路易斯聯邦儲備銀行

美國銀行的資本適足率在全球金融危機後反彈。

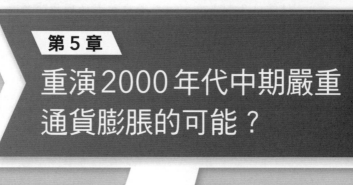

第 5 章

重演 2000 年代中期嚴重
通貨膨脹的可能？

我們在第4章了解到，無論注入多少貨幣到市場，都無法促成通貨膨脹，除了結構性原因外，還有循環性因素也會造成影響。可能有讀者會想到以下這樣的問題：

「生產力創新這樣的結構性變化，早在1990年代就已經開始了，但是1990年代後期到2000年代中期，以國際油價為中心發生的強烈通貨膨脹是什麼原因？未來有無可能像2000年代中期那樣，尤其是石油等原物料價格急劇上升，因而帶來強烈的通貨膨脹？」

本章將探討這個問題。

15 石油市場出現的兩個變化

　　1960 年以來，從油價變化與消費者物價上漲率的關係中，可發現以下兩個變化。

　　第一，油價變動是說明物價變化的最重要因素。1990 年代後期及 2003 年至 2007 年國際油價暴漲時，消費者物價也跟著上漲；相反地，像 1980 年代中期或 2010 年代國際油價下跌時，消費者物價也呈現穩定的傾向。

　　第二，可以發現與過去相比，油價變動的影響逐漸降低。

美國的物價上漲率與國際油價曲線　　　　資料來源：聖路易斯聯邦儲備銀行

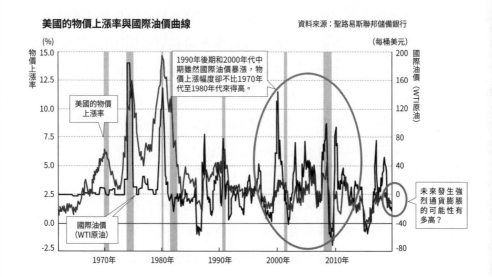

1970年代和1980年代初期發生的石油危機，雖然當時消費者物價暴漲10%以上，但是1990年代以後消費者物價的上漲幅度卻不超過5%。

接下來要詳細探討油價變動影響消費者物價的原因，並預測未來的變化方向。

◉ 為什麼油價的變動性這麼大？
──冗長的前置時間

國際油價變化對經濟造成嚴重影響的原因，在於特有的波動性，包括石油在內商品價格的波動性大，最直接的因素是冗長的前置時間（Lead Time），而前置時間是指從生產開始到配送需要的時間。除了有下單當日或隔日早上就能配送抵達的生活必需品外，也有從下單到完成配送需要等待幾年或數十年的產品，前置時間冗長的最具代表性產業是住宅與商品產業。

商品市場專家吉姆‧羅傑斯（Jim Rogers）用以下比喻，說明商品市場前置時間漫長的原因：

> 我們假設現在有一個準備開發鉛礦的企業家，而這個人非常確定過去二十五年來全世界只有一處新開發的鉛礦，同時中國和印度由於經濟高度成長，對鉛的需求量日漸增加。

　　需要大量使用鉛的領域有油漆和汽油，最近由於環境汙染，導致鉛的用量減少，取而代之的是印度和中國大量增加鉛蓄電池的需求。

　　找出蘊藏量豐富的礦山，然後開挖，就能開始生產鉛，但是開採鉛礦會遇到許多問題。首先，包括華爾街在內，全世界的投資銀行都知道數十年來鉛價一直處於下跌的情況，因此對於鉛礦的開發案可能抱持懷疑態度。另外，環保團體和政府勢必也會增加諸多規範，以監督鉛礦的開發。……處理這些過程可能要歷經短則幾年，長則數十年的歲月，還要投入超出預算的資金。

　　夠幸運的話，努力結果得到的報償會是鉛價開始上漲，開發者就能大賺一筆。可是，如果有很多其他企業家想要一夕致富，也開始開挖鉛礦呢？甚至如果發生經濟危機，造成大家對鉛的需求一下子降溫的話，又該如何收場？

　　一旦脫離平衡點，鉛價可能會瞬間陷入無止盡的下跌局面。經過數十年，投入數百萬美元（甚至是數千萬美元）的資金和努力，好不容易開採鉛礦，不能因為鉛價下跌10%至20%就中斷生產。因為已經投入太多資金，哪怕只能拿回成本，也會不顧下跌的價格，繼續硬著頭皮做下去。如果是這樣的情況，想要回到平衡點就更是難上加難了。

失去開採價值的鉛礦開始被擱置，或是只能等待蓄電池業者的鉛庫存見底，否則降價競爭將會一直持續。[62]

基於這些因素，商品市場很難迅速處理價格的調整，最終會像2000年代，因為中國的需求量劇增，造成油價持續處於高檔的情況。當然如果是像2020年3月受到新冠肺炎的影響，中國的原油需求驟減，就可能發生相反的情況。既然如此，就要想到一個問題：

「為什麼2000年代中國的需求量會劇增？未來是否還會發生令人無法預料的需求增加？」

我們接著解答這個問題。

62 羅傑斯著，劉真如譯，《羅傑斯教你投資熱門商品》（*Hot Commodities*），時報，2005年。

16　2000 年代中期油價飆漲的原因

　　2000 年代中期，國際油價飆漲的主因在於中國，下頁的曲線圖是中國的進口成長率和國際油價的變化。圖中可看到中國經濟的強勢成長趨勢，以及進口需求爆發時，國際油價上漲的情形。

　　1993 年中國的一日原油消耗量是 196 萬桶（一日基準），但是到了 2000 年則是 480 萬桶，以及 2008 年激增到 795 萬桶，造成石油市場莫大的衝擊 [63]。石油市場如果能及時配合需求，就不會有問題，但是 2000 年代中期，俄羅斯等地區的石油生產陷入瓶頸，無法持續增加，難以因應需求。

　　當然，也不是沒有其他因素可以抵銷中國的需求增加，同期美國的一日原油消耗量是 130 萬桶，其他已開發國家則減少到 290 萬桶，但是商品市場的參與者認為，已開發國家這麼一點程度的減量，仍不足以應付來自中國需求增加的衝擊。此外，當時美國聯準會展開貨幣注入市場的寬鬆貨幣政策，而貨幣在商品市場上隨之而起的流動性增加，也被視為國際油價飆漲的原因。

63　EIA (2019), "Short-Term Energy Outlook".

這裡浮現一個問題：

　　「中國的需求只會持續增加，未來是否可能會像
2000 年代中期那樣又出現高油價的局面？」

中國的進口成長率和國際油價上漲率曲線　　　　　　資料來源：聖路易斯聯邦儲備銀行

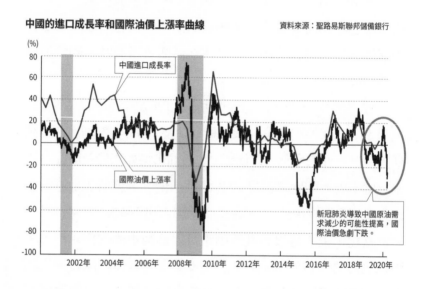

後疫情時代的經濟走向與投資策略

17 ▶ 2000 年代中期的高油價，是否可能再現？

先說結論，未來將會有相當長一段時間，很難見到像 2000 年代中期那樣的高油價再現，原因是中國石油消費能像過去急劇增加的可能性逐漸降低。

2015 年中國的一日原油消費量是 1,304 萬桶，2018 年是 1,402 桶，2020 年增加到 1,504 桶後，可能會停止增加[64]。儘管中國的原油消費量每年增加 6% 至 7% 是事實，相對於 1990 年至 2000 年，增加速度卻明顯趨緩。

這是因為隨著中國的所得水準提高，人均能源消費的增加速度正在減緩[65]，我們可從強勁的成長趨勢與中國勢均力敵的韓國經驗來確定這一點。

◉ 也許未來中國人均能源消費量只會越來越低！

下圖中橫軸為韓國人均國民所得（每人實質國內生產毛額），縱軸為人均原油消費量，圖中可看到人均國民所得達 1 萬美元初期，石油消費量爆炸性提高，之後成長的趨勢就

---

64 EIA (2019), "Short-Term Energy Outlook".

65 San Francisco Fed (2017), "Forecasting China's Role in World Oil Demand".

韓國人均國民所得與原油消費量變化

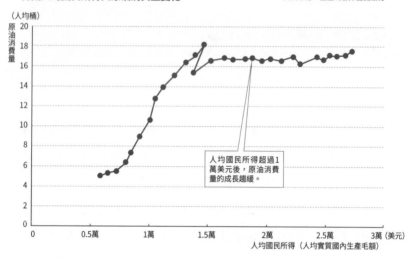

（人均桶）
原油消費量

人均國民所得（人均實質國內生產毛額）

人均國民所得超過1
萬美元後，原油消費
量的成長趨緩。

急速下滑。

除了所得的增加讓人們環保意識抬頭外，像是政府當局鼓勵人們消費高能源效率產品，也都是抑制人均原油消費量增加的因素。

成為高所得國家後，石油消費減少的情況不只是韓國，世界上油價最高國家之一的美國也有同樣變化。

◉ 已開發國家的石油需求減緩

下圖是呈現美國原油消費量與國際油價變化的曲線。雖然人口與人均國民所得持續成長，但可以發現到石油消費的絕對量卻縮減至四分之一的水準。

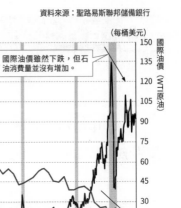

美國的石油消費量與國際油價曲線　　　　　　　資料來源：聖路易斯聯邦儲備銀行

● 灰色部分是美國國家經濟研究局裁定的經濟衰退時期。

　　當然，這不是一夕之間發生的變化。1973年後國際油價長達十年以上都是上漲的情況。另外，確信高油價時代在未來將會繼續的願景後，企業與消費者全都大規模地一致轉向。

　　首先，已開發國家的消費者都增加燃油經濟性高的小型汽車消費。1986年現代汽車出口到美國的「Pony Excel」在一年內銷售16萬輛以上，說明消費者對小型汽車的高度關注。

　　問題是消費者一旦開始減少原油消費，即便國際油價下跌，還是可能繼續保持這種態度。消費者心中對石油危機的心理陰影仍舊存在，而企業則認為採取稱為高能源效率「環保」產品的品牌命名策略有效，所以堅持繼續。因此，未來應該會有相當長的時間，很難再見到中國和美國等世界主要國家石油消費量劇增的盛況。

除了中國與已開發國家的石油需求減緩因素外，可能再度引發「石油危機」的另一個因素，便是頁岩油革命。

◉ 頁岩油革命是怎麼開始的？

根據最近美國能源資訊局（Energy Information Administration, EIA）發布的一份報告指出，美國在2020年左右從世界最大原油進口國化身純能源輸出國[66]，這是因為現在已經能從以前無法提煉石油的頁岩油裡取得石油，而且可用比過去便宜的成本生產[67]。

順帶一提，頁岩是富含有機物的沉積物，經年累月堆疊而成的沉積岩。一般來說，石油是從地底下高溫、高壓環境中有機物豐富的頁岩層生成，再慢慢流經地表，最後沉積在堅硬的岩石底部，被稱為「背斜（Anticline）構造」的特殊種類地層，豐富的藏油量便是這個原因，代表地區是中東和裏海。

66　EIA (2019), "Annual Energy Outlook 2019".

67　GS 加德士部落格（GS Caltex），「頁岩油的開發特性與國際油價」，2018 年。

　　相反地，沉積在頁岩底部的頁岩油和頁岩氣密度相當低，而且頁岩是非常堅硬的岩層，所以剛開始要提煉石油不易。邁入2000年代時，開始能從頁岩中大量提煉頁岩油和頁岩氣，主要是仰賴水平導向鑽掘和水力壓裂（Hydraulic Fracturing）技術的開發，才得以開啟大量生產之路。這兩項技術一如其名，是先鑽掘豎井到頁岩油和頁岩氣密集的蘊藏層，然後鑿水平井，最後以水和石英砂及少量化學藥品的混合物強力灌注，增加裂縫產生，讓沉積在泥板岩底部的頁岩油和頁岩氣流出的工法。

　　當然，光看說明可能不太容易理解。總而言之，儘管技術被開發出來了，但要商業化卻是困難重重。直到2000年代，中國被喻為「吃能源的河馬」，石油價格開始攀升，獲利性才得以改善。當國際油價上漲到每桶超過100美元時，大家都開始認為從頁岩開採的頁岩油和頁岩氣也能帶來足夠的收益。

　　在此要說明的是，頁岩油的生產單價並非固定，2000年代初期生產一桶頁岩油的單價是80美元，2010年代則降到60美元以下[68]。

68　*The Economist* (2016.1.23), "The oil conundrum".

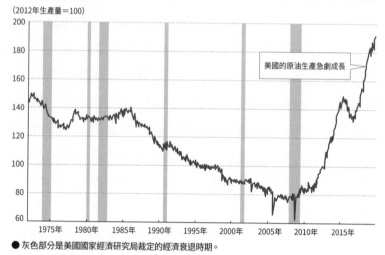

美國的原油生產曲線

資料來源：聖路易斯聯邦儲備銀行

（2012年生產量＝100）

美國的原油生產急劇成長

● 灰色部分是美國國家經濟研究局裁定的經濟衰退時期。

　　我們都知道為什麼會發生這種現象，第2章提到的「學習曲線」也適用於頁岩油產業。產量增加的同時，勞工的熟練程度也在相對提高，不時還會導入新技術，生產單價才得以慢慢降低。

　　最近相當受關注的新技術，是運用「大數據」（Big Data）的鑽井[69]，主要是透過許多鑽井統計計算出最適用的混合物比例，進而預測最多蘊藏量區域的過程中，生產力隨即迅速提高的結果。

後疫情時代的經濟走向與投資策略

---

69 GS 加德士部落格，「第二次頁岩油革命有什麼不同？」，2018 年。

19　2020年國際油價為何暴跌？

　　對美國而言，頁岩油產業的成長是非常有利的，可是對中東和俄羅斯等傳統產油國來說卻是極大的威脅。

　　從 2020 年 2 月底開始，史無前例的國際油價暴跌事件，想必個中原因正是這種「緊張感」所致，年初 60 美元的國際油價（WTI原油）在 2 月底下跌到 45 美元，最終市場被恐慌籠罩，跌破 20 美元大關。

◉ 停機導致需求縮減

　　國際油價之所以會發生這種前所未有的暴跌狀況，當然是新冠肺炎造成中國 1 月至 2 月工業生產比去年同期減少 13.5%，全球原油需求減少的可能性提高是最直接的因素。不過，只因需求減少，國際油價就瞬間暴跌 50% 以上的情況並不正常，為了因應需求萎縮，其實可選擇減少石油生產的方式來因應。

◉ 減產協議失敗也是原因之一

　　不過即便國際油價暴跌的事件蔓延，沙烏地阿拉伯與俄羅斯等世界原油生產國的減產協商卻不斷破局[70]，原本友好

70　Etoday，〈沙烏地阿拉伯、俄羅斯互不相讓，國際油價崩跌 30 美元。全球市場，這次難逃「石油衝擊」〉，2020 年 3 月 9 日。

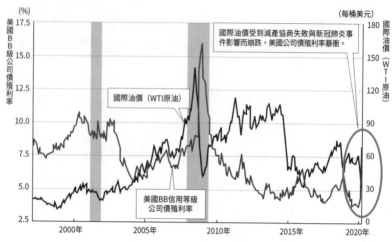

國際油價與美國BB級公司債殖利率

資料來源：聖路易斯聯邦儲備銀行

國際油價受到減產協商失敗與新冠肺炎事件影響而崩跌，美國公司債利率暴衝。

國際油價（WTI原油）

美國BB信用等級公司債殖利率

的兩國之間變得關係緊張，因為大家都認為，「減產只會對美國的頁岩油企業有利。」意思就是只有美國的石油產量不停增加，連生產力也在迅速改善，減少原油支撐價格對整體局勢是無濟於事的舉動。

油價的崩跌其實問題出在美國公司債市場，尤其是引發投資級債券〔以下稱為「垃圾債券」（Junk Bond）〕市場的恐慌。

◉ 為何美國公司債市場會陷入恐慌？

過去十餘年來，美國企業一向是從公司債市場積極籌措資金，而非透過銀行，尤其是包括頁岩油企業在內的新興領域企業，於2008年全球金融危機爆發後，開始避開貸款審

核更嚴謹的銀行，轉而猛敲公司債市場的大門。

此外，全球投資人也紛紛積極投資頁岩油企業發行的垃圾債券，這是因為美國聯準會等世界主要中央銀行開始實行零利率政策，除了高利率債券的需求受到重視外，對美國頁岩油企業的競爭力逐漸改善抱持肯定的態度。

然而，好景不常，國際油價崩跌讓人們擔心將造成頁岩油企業的收益惡化，而且垃圾債券的殖利率也開始暴漲。這裡的殖利率是用於估算垃圾債券相較於到期日相近的公債需要多負擔的利息，一年前美國 BB 信用等級公司債的殖利率低於 2%，到了 2020 年 3 月 13 日卻已經突破 5% 大關。

這次衝擊導致美國能源與金融公司股價暴跌，美國道瓊工業平均指數（Dow Jones Industrial Average, DJIA）在 2020 年 2 月 12 日達到高點後，直到 3 月 17 日為 8,314 點，大約上漲 28%，其中金融業下跌 32.4%，能源業更崩跌 38.4%。

當然，企業不可能只因股價暴跌就關門大吉，不過在公司債殖利率暴漲中，形成的金融、能源股票暴跌事件，似乎還包括市場參與者認為，原油價格可能會有相當長時間難以擺脫「低價水準」的預測，因此我認為，未來一至兩年內油價暴漲引發的「通貨膨脹」發生可能性極低。最終，新冠肺炎事件導致的全球整體經濟通貨緊縮壓力將更為嚴重。

運用聖路易斯聯邦儲備銀行的統計資訊

　　本章大部分的曲線圖都是從聖路易斯聯邦儲備銀行官方網站下載的資料，進入聖路易斯聯邦儲備銀行官方網站（https://fred.stlouisfed.org），在檢索視窗輸入想找的統計資訊即可。官方網站上的經濟統計資訊大約有76萬筆，大部分想找的資料基本上都能找到，現在就利用關鍵字，試著找到統計資訊。

　　1. 如果想找的是美國零售的相關統計，可以在如下檢索視窗中輸入零售的原文Retail Sales，然後開始搜尋。想知道經濟指標或統計方面的原文，也可以利用Google翻譯等各種線上翻譯軟體。

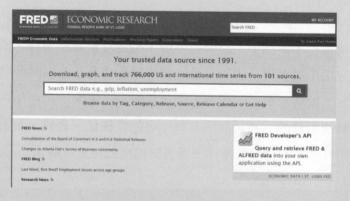

聖路易斯聯邦儲備銀行官方網站。

2. 會出現如下搜尋結果畫面。我在搜尋當時結果出現了7,537筆，需求的資訊大部分會出現在最上面的2至3筆資料。這次輸入的關鍵字搜尋到的結果在第三筆，「Advance Retail Sales: Retail (Excluding Food Services)」，是指零售商品中變動性較大的飲料產品除外之商品。

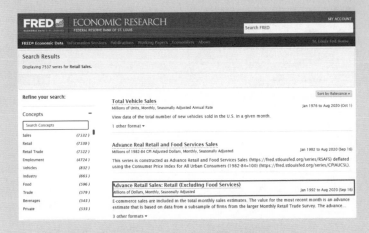

以Retail Sales為關鍵字搜尋的結果畫面。

在此附加說明提供參考，零售商品大部分是食品飲料，通常價格會依據天氣變化暴漲暴跌，銷售量也會起伏不定。代表性例子是，人們在遇到暴風雪的日子，網路購物遠比出門到賣場採買的可能性來得高，特別是針對體積較大的食品類，選擇網路購物的傾向

也較強烈，因此經濟學家較喜歡研究食品飲料類除外的零售統計。

3. 食品飲料除外的零售統計畫面如下，除了可看到以往的資訊動向，按下右上角的DOWNLOAD鍵即可下載資料夾。

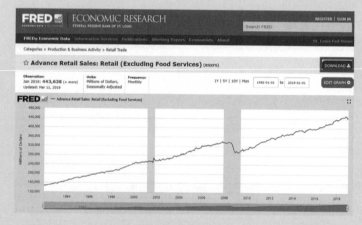

「Advance Retail Sales: Retail (Excluding Food Services)」查詢結果畫面。

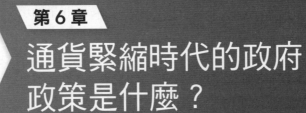

第 6 章

通貨緊縮時代的政府
政策是什麼？

本章將探討通貨緊縮壓力高漲時，政府當局應該採取的態度。

2003年國際貨幣基金在分析日本經濟的一份報告指出：

> 「現階段日本的處境對其他國家政策制定者而言是一項警訊，輕微的通貨緊縮一樣會招致莫大的災害，以及應該學會在通貨緊縮的徵兆出現前予以防範，將會有更大的成效。」

面對通貨緊縮政策，政府當局採取果斷的行動，會比任何事都來得重要。

因應通貨緊縮，不僅需要貨幣政策，積極的財政策略更是必要。以下將針對為何需要這種過渡對策提出說明，並要深入了解未來政策將朝著什麼方向前進。前言似乎有些冗長，接下來要透過日本的例子了解這些問題。

20　1990 年代日本經驗帶來的啟示

　　日本經濟在 1990 年股票與不動產價格崩跌後，經歷一段漫長的停滯期。2013 年實施所謂「安倍經濟學」後，景氣似乎有反彈的跡象，但實際上通貨膨脹仍未出現，工資也沒有提高[71]。

　　1990 年前後，股票與不動產市場泡沫化的國家不只日本，當時的北歐國家（瑞士、丹麥、芬蘭）也同樣經歷股票與不動產市場泡沫化，陷入極度的經濟衰退。

　　話說回來，為什麼日本在長達二十年的歲月裡仍無法擺脫經濟衰退困境，北歐國家卻都很快脫離危機，重新展現身為已開發國家的態勢？

　　許多學者都曾針對這一點表達各自的主張，不過我倒是發現 2000 年代初期美國聯準會發表的一份報告（「針對通貨緊縮的防禦措施：1990 年代日本經驗給我們的啟示」）[72]，其中藏著寶貴的訊息。

71　Dailypost，「『Japan Report』安倍經濟的海市蜃樓──統計漏洞的爭議」，2019 年 2 月 1 日。

72　FRB (2002), "Preventing Deflation: Lessons from Japan's Experience in the 1990s".

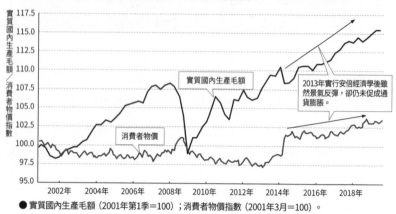

2001年以來日本實質國內生產毛額與消費者物價曲線 資料來源：聖路易斯聯邦儲備銀行

● 實質國內生產毛額（2001年第1季＝100）；消費者物價指數（2001年3月＝100）。

美國聯準會的經濟學家在這份報告中，提出兩個有趣的主張。

◯ 日本銀行的失敗政策

第一，主張1989年泡沫化後，「日本中央銀行（日本銀行）如果立刻策略性調降政策利率〔200基點（Basis Point, BP）以上＝2%點以上〕就不至於造成通貨膨脹的惡性循環。」簡單來說，日本經濟停滯長達二十年，全都是因為日本銀行的政策失誤。

後疫情時代的經濟走向與投資策略

156

一旦落入通貨緊縮就難以回復

　　美國聯準會報告中的第二個主張是，「如果只是過度刺激經濟造成的通貨膨脹還有轉圜的餘地，但是一旦落入通貨緊縮的狀況，根本沒有適當辦法能讓經濟回復正常。」

　　結論就是，這份報告的內容指出，日本在資產價格泡沫化導致的經濟衰退初期，未能及時採取果斷措施，失誤結果造成二十多年來深陷通貨緊縮的泥沼。這裡需要思考一個問題：

　　　「為什麼通貨緊縮一旦開始就很難回復正常？」

進入通貨緊縮的局面後，經濟難以回復正常水準，有以下兩個原因。

◉ 貨幣政策失效

首先，最直接的原因是貨幣政策無法發揮應有效果，在經濟學中，這個論點稱為「零利率下限」（Zero Rate Lower Bound）。

「零利率下限」是指，即使政府基於刺激經濟而調降政策利率，零利率水準仍受制於下限。包含歐洲中央銀行在內，有部分銀行實施負利率政策，正確來說應該是僅限於「超額準備金」才能享有負利率（關於超額準備金的詳細說明可參見第4章）[73]。

◉ 容易陷入通貨緊縮的惡性循環

比貨幣政策失效更令人憂心的第二個危險因素是，「通

---

73 KB金融控股經營研究所，「負利率政策導入現況與爭議焦點」，2015年。

貨緊縮螺旋」（Deflation Spiral）的可能性變高。

舉例來說，一個國家有多數人民抱持著「物價應該很快就會下跌了」，在通貨緊縮的高度預期心理下，自然就會延遲消費，因為反正價格很快就會下跌，沒有理由一定要現在消費。一旦以這樣的方式開始縮減消費，企業業績就會惡化，就業與投資萎縮的可能性也會變高。

特別造成問題的是，「名目工資」不會下降。人們對自己的所得比去年縮水的情形抱持極為反感的態度，因此發生通貨緊縮時，「實質工資」卻提高的矛盾。舉例來說，假設通貨緊縮造成消費物價上漲1%，此時從企業立場來說，即便工資凍結，還是相當於支付的工資提高1%。

當企業受經濟衰退影響而經營困難時，如果還要負擔高額的人事費用，大規模裁員的可能性就會變高。此外，大量解僱會導致消費者心理退縮，進而形成企業銷售量減少的惡性循環。2001年諾貝爾經濟學獎得主喬治・阿卡洛夫（George Akerlof）教授曾提出，「如果美國發生1%的通貨緊縮，平均失業率就會提高5.8%至10%」的估算值[74]。

與實質工資提高相比，更危險的是「實質債務負擔」增加。假設某個家庭在1990年為了購入一間位於東京的公寓，以7%的利率貸款5,000萬日圓。1990年直到2016年為止，東京的房價下跌約60%以上，所以這個家庭可說是選擇

74　Charles Wheelan (2017), *Naked Money: A Revealing Look at Our Financial System*, W. W. Norton & Company.

最壞的時機點置產。

　　不過更大的問題是，即便房價暴跌，這個家庭每年仍必須按時繳交7%，也就是350萬日圓的利息。如果不按照貸款合約繳納，銀行不但會追回貸款，這個家庭很可能會失去房子，流落街頭，因此無論如何都必須咬緊牙關，努力地省吃儉用，償還貸款，夫妻中只要有一方生病，就可能會馬上破產，面臨被迫搬出房屋的危險。國際貨幣基金在2003年的一份報告中指出：「長期持續的通貨緊縮，造成日本的個人與企業實際的債務負擔更重了。」[75]

　　最終，長期通貨緊縮將導致背負債務的家庭與企業破產，到了後來，很可能進而演變成銀行的危機。

　　特別是2013年初開始實行大規模貨幣供給擴張政策（以下稱為「安倍經濟學」）後，日本經濟看起來似乎起死回生，但消費者物價卻仍舊不為所動。以2014年將消費稅從5%提高到8%的效果來看，過去十八年來，日本消費者物價也只是上漲1%後便停滯不前了。

75 IMF (2003), "Understanding the Costs of Deflation in the Japanese Context".

22 通貨緊縮的徵兆，需要什麼因應政策？

誠如前面提到的日本例子，通貨緊縮的「徵兆」出現時，果斷因應是必要的。那麼，果斷的因應意謂著什麼政策？

一如美國聯準會的報告指出，必須積極調降政策利率，以便在初期切斷通貨緊縮預期心理的形成；換言之，必須讓社會的經濟主體產生「讓貨幣流通，物價才有機會上漲」的想法。

不過有一個問題是，萬一即便已經把政策利率降到零利率，仍無法澆熄通貨緊縮的預期心理時該怎麼辦？解決之道就在財政政策。

◉ 市場利率低迷時，積極的赤字財政也無所謂？

法國經濟學家布蘭查德最近提出一個有趣的觀點[76]，當市場利率低於名目經濟成長率時，必須採取積極的財政政策，才能降低對經濟造成負面影響的可能性。現在將透過以下的例子，了解這位世界級學者抱持這種主張的理由。

---

76 PIIE (2019), "Public Debt: Fiscal and Welfare Costs in a Time of Low Interest Rates".

首先，假設A國的名目國內生產毛額為100兆元，市場利率為固定利率1%，租稅負擔率為20%。這裡的租稅負擔率是針對國民每年負擔稅金的預估值，在這個例子裡，國內生產毛額100兆元中必須支付的稅金為20兆元。此時A國政府決定採納布蘭查德的建言，把國內生產毛額近10%的10兆元用於刺激經濟，這可能會造成什麼局面？

　　假設政府基於刺激經濟擴編，將高達10兆元的金額用於投資建設與低收入階層的福利措施，然後次年度的國內生產毛額成長為113兆元。這裡的財政支出從10兆元變成13兆元的現象，通常稱為財政支出的「乘數效應」。

　　財政支出的乘數效應是指，當政府擴編財政時，這些金錢會在經濟上流通，帶來加倍的經濟成長效果。在這個例子中，假設由於財政支出，國內生產毛額成長為13兆元，是基於韓國的財政乘數約為1.3，也就是韓國政府如果擴編1兆元，國內生產毛額會增加1.3兆元[77]。

　　換個角度來說，國內生產毛額達13兆元的外部經濟，在成長過程中付出什麼代價？

　　財政支出成長10兆元，就代表需要發行相對的政府公債，而需要支付的利息費用則是市場利率為1%，也就是0.1兆元。已經假定國內生產毛額增加13兆元，而且租稅負擔率為20%，則次年的租稅負擔率將會增加2.6兆元。A國義

77 韓國銀行，「採用新財政支出識別方法的政府支出乘數效應推斷」，2019年。

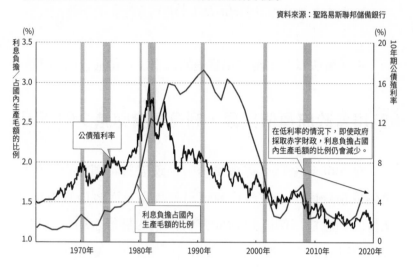

美國政府的利息負擔占國內生產毛額的比例與公債利率曲線

資料來源：聖路易斯聯邦儲備銀行

無反顧地把國內生產毛額的10%用於財政赤字，注入貨幣的結果，造成2.5兆元的利潤（即稅收增加－利息費用＝2.6兆元－0.1兆元）。雖然不久的將來，還是要償還10兆元的本金，但是利率低且政府稅收增加了，因此不至於造成太大的負擔。

布蘭查德教授針對這一點，提出以下的主張：

未來假如這種不平衡（即名目經濟成長率＞公債殖利率）仍持續，政府負債的支出事實上會是零；換句話說，政府的負債即便繼續增加，也不需要增加稅收。尤其是假使名目經濟成長還像過去一樣，基於外部經濟的

163

成長比利率來得快速，所以即便不提高稅收，債務占國內生產毛額比率（Debt-to-GDP）還是會下降[78]。

這種魔法真實出現在現實裡的例子，正是最近的美國。

◉ 川普政府負債累累，利息負擔卻減少的原因

在2008年全球金融危機後，美國因為將國有資金用於金融機構紓困，造成政府負債迅速累積，而政府實際需要支付的利息費用卻降到1960年代以來的最低水準；換句話說，政府的負債增加，利息負擔反而減少了。會出現這種奇特現象的原因，正是利率低於名目經濟成長率的緣故。

外部經濟擴大的同時，稅收也跟著增加，利息負擔反而漸漸變少。順帶一提，2017年川普政府實施大規模減稅政策，而政府的利息負擔卻不到國內生產毛額的1.5%。

---

78 PIIE (2019), "Public Debt: Fiscal and Welfare Costs in a Time of Low Interest Rates"

23 財政赤字增加的同時，市場利率是否可能上升？

在這裡，讀者可能會有這樣的疑問：

「不惜以國內生產毛額近10%的莫大財政赤字來刺激景氣的同時，市場利率可能保持在1%的水準嗎？」

政府為了刺激景氣，積極展開財政政策，試圖讓景氣復甦，在這樣的過程中，如果增加公債的發行量，就會造成市場上貨幣減少，市場利率隨之上升似乎是理所當然的。但可惜的是，2008年後逾十年的時間，世界主要國家的市場利率反而下滑了。

以韓國為例，2008年底市場利率（10年期公債殖利率）是4.87%，但在2020年3月新冠肺炎爆發後終究下跌到0%。

不只是韓國出現這種現象，雖然美國的10年期公債殖利率在2008年底是3.53%，但是2019年11月卻下跌到1.71%，2020年3月更是跌至1%，而那些市場利率暴跌到負利率的國家，如德國等歐洲國家的公債殖利率就更不用說了。

● 財政赤字增加，為什麼市場利率會下降？

財政赤字增加，為什麼市場利率卻下降了？在經濟衰退或通貨緊縮的壓力下，許多人認為即使財政支出再怎麼擴張，景氣都不可能復甦，也就是當景氣惡化時，人們會偏好選擇美國公債等所謂的「安全資產」，這時候無論財政赤字累積再多，也阻止不了利率下跌。

財政支出的擴張帶來市場利率攀升的情形，唯有「刺激景氣」的效果出現，才可能體現出來，不過這時候政府也可藉由減少財政支出等方法推行財政健全化；相反地，假使市場利率暴漲、通貨膨脹壓力升高時，財政赤字就可能誘發市場利率上升。

因此，經濟衰退時期必須採取擴張性財政政策，而景氣好時則要實行緊縮性財政政策，這才是正確的政策方向。事實上，美國的研究也同樣指出，在低物價、低利率環境下，財政政策才能發揮高度效果[79]。

到此所有的問題似乎都有了答案，利率高時採取緊縮性財政政策，利率低時採取擴張性財政政策，只不過世上的事並不如我們想得這麼簡單。

---

79 NBER (2010), "Measuring The Output Responses to Fiscal Policy".

擴張性財政政策，重點在時機

　　下表是第二次世界大戰到2008年全球金融危機期間，實行的所有擴張性財政政策，只是可以從資料中發現，這些擴張性財政政策的「時間點」可說是於事無補[80]，大部分是注入資金準備刺激景氣時，已是景氣衰退到谷底，被迫即刻展開擴張性財政政策的窘境。

第二次世界大戰後克服景氣停滯方案的實行日期

資料來源：美國國家經濟研究中心與布魯斯·巴特利特（Bruce Bartlett）的研究

景氣衰退始點	景氣衰退終點	擴張性財政支出方案通過時間點
1948 年 11 月	1949 年 10 月	1949 年 10 月
1957 年 8 月	1958 年 4 月	1958 年 4 月
		1958 年 7 月
1960 年 4 月	1961 年 2 月	1961 年 5 月
		1962 年 9 月
1969 年 12 月	1970 年 11 月	1971 年 8 月
1973 年 11 月	1975 年 3 月	1975 年 3 月
		1976 年 7 月
		1977 年 5 月
1981 年 7 月	1982 年 11 月	1983 年 1 月
		1983 年 3 月
1990 年 7 月	1991 年 3 月	1991 年 12 月
		1993 年 4 月
2001 年 3 月	2001 年 11 月	2001 年 6 月
2007 年 12 月	2009 年 6 月	2008 年 2 月
		2009 年 2 月

用於刺激景氣的財政政策有很多落得只是放馬後炮，反而造成經濟的負面影響。

80　Bruce Bartlett (2009), *The New American Economy: The Failure of Reaganomics and a New Way Forward*, St. Martin's Press.

最終，經濟嚴重衰退時不實行政策，等到景氣復甦了，才開始慌忙注入資金，反而造成經濟上的負面影響。該如何解決這個問題？

◉ 市場利率低於名目經濟成長率時，正是對的時機

有各種方案，但最容易的解決辦法是採用前面曾介紹的世界級經濟學家與經濟學家布蘭查德提出的建議：「『名目經濟成長率＞市場利率』時，積極採取財政政策。」

市場利率低於名目經濟成長率，意謂著市場參與者對未來的經濟情況抱持悲觀態度，其中也包括債券市場參與者認為眼前的景氣低靡，以後物價會下跌的猜測心態。在這種局勢下，無論財政擴張的幅度再大，對整體經濟造成「泡沫化」或「經濟過熱」的危險性極低；相反地，市場利率大於名目經濟成長率等「通貨膨脹或對經濟成長期待」過高時，即可視為緊縮性財政政策的一個訊號。

24 利率上升若無法及時回復，會造成什麼局勢？

前面介紹的財政政策雖然極具說服力，但卻有一個問題，就是當人們對通貨膨脹與成長有著高度預期時，如果未能及時停止擴張性財政政策，可能就會造成問題，其中造成最極端事件的例子正是1980年代的南美國家。

◉ 惡性通貨膨脹是怎麼發生的？

無視於通貨膨脹的壓力高漲，仍繼續擴大財政支出時，如果中央銀行乾脆接手政府發行的公債來回避問題，接下來可能就要面臨如1980年代中期玻利維亞的惡性通貨膨脹（Hyperinflation）危機。順帶一提，惡性通貨膨脹是指每個月物價上漲幅度持續超過50%以上。那麼惡性通貨膨脹是如何發生，又是怎麼消失的？

如果要解答這些問題，世界級的美國經濟學家傑佛瑞・薩克斯（Jeffrey D. Sachs）教授的經驗可以幫上大忙。

> 包括1923年的德國在內，我曾研究幾個國家的惡性通貨膨脹事件。……不過，我作夢也沒想到，居然有

機會真實接觸到惡性通貨膨脹正在發生的現場，而不是觀看歷史教科書上的記載，因為我遇到一位來自玻利維亞，名叫卡洛斯·伊圖拉爾德（Carlos E. Paredes）的學生。

……

1985 年，為了填補巨大的財政赤字，玻利維亞政府瘋狂地印製鈔票。……政府為了籌措支付給軍隊和礦工、教師的薪資，直接向中央銀行變賣債券。從這一點來說，玻利維亞發生的高通貨膨脹與人類經濟史上的其他通貨膨脹事件並無差異[81]。

惡性通貨膨脹如何消失？

當時年僅28歲的薩克斯教授在哈佛大學享有終身教職，專注授課，來自玻利維亞的留學生請求他，「既然教授那麼了解惡性通貨膨脹，請您救救我的國家。」薩克斯教授不忍心拒絕，於是去了玻利維亞一趟。

我們很難直覺地認為一年高達24,000%的通貨膨脹會突然終結，不過歷史上的惡性通貨膨脹事件都不是緩慢下降，而是劇烈中斷。……與玻利維亞同事討論的結果，我

---

81 薩克斯著，鐵人雍譯，《終結貧窮：如何在我們有生之年做到？》（*The End of Poverty: How We Can Make It Happen in Our Lifetime*），臉譜，2007 年。

得知玻利維亞預算的核心在於油價。玻利維亞政府的財政大部分依賴燃料稅，會固定每幾個月就調整油價，長久以來維持低廉的油價是拖垮政府預算的原因[82]。

當時玻利維亞政府長期不調漲油價的原因，在於「既得利益者的抗拒」，因為在玻利維亞有能力購買石油用於汽車和暖爐的人，基本上都是富裕階層，無法輕易實施有礙這些人利益的政策。順帶一提，最近主要開發中國家的財政也因為油類補貼而發生問題（可參見本章最末「更進一步」專欄）[83]。因此，為了能廢除油價補貼、提高石油產品的價格，政府當局必須具有果斷的意志。

所幸當時新的玻利維亞政府堅持，無論付出什麼代價都要阻止惡性通貨膨脹繼續蔓延，在與薩克斯教授商討後，便果斷地急劇提高油價，然後惡性通貨膨脹宛如謊言般就此消失。玻利維亞人民在一開始之所以認為物價會永無止盡地上漲，是因為政府完全無心於「用收來的稅收還清債務」。然後，當政府終於開始以提高油價等展現出增加稅收的態度後，人們對通貨膨脹的預期瞬間就熄滅了。

下圖是玻利維亞的國內生產毛額占財政收支比例與消費者物價上漲率的關係。當財政赤字占國內生產毛額10%以上

---

82 薩克斯著，鐵人雍譯，《終結貧窮：如何在我們有生之年做到？》，臉譜，2007 年。

83 IMF (2019), "Fuel for Thought: Ditch the Subsidies".

時（1984年為−25%），消費者物價暴漲，但是以1985年為分水嶺，可以發現當財政赤字減少時，消費者物價上漲率就降到10%的水準。

玻利維亞的事件帶來明確啟示，唯有政府當局展現出財政健全化的堅決態度，並且確實落實時，才能阻止惡性通貨膨脹蔓延。如果說通貨緊縮是一旦衰退就難以化解的「慢性病」，惡性通貨膨脹便是雖然十分痛楚，但相對容易治癒的「急症」。

玻利維亞國內生產毛額占財政收支比例與消費者物價上漲率　　　　資料來源：國際貨幣基金

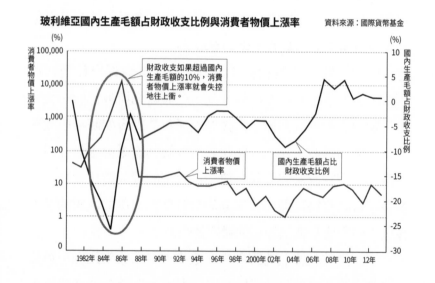

後疫情時代的經濟走向與投資策略

25 委內瑞拉的惡性通貨膨脹何時告終？

　　我們試著透過玻利維亞帶來的啟示，看看最近的委內瑞拉事件。

　　如下圖所示，最近委內瑞拉的經濟指標幾乎是1985年玻利維亞的翻版，委內瑞拉是從烏戈·查維茲（Hugo Chávez，1998年首度執政並連任四次）政府時期開始，財政赤字增加且通貨膨脹壓力飆升，尤其是國內生產毛額占財政赤字比例跌破−10%水準的2014年前後，正式進入惡性通貨膨脹。

　　委內瑞拉的惡性通貨膨脹問題，在解決辦法上有別於1985年玻利維亞的情況，有幾個不容易處理的難題。最近的委內瑞拉政治處於動盪不安，有別於1985年的玻利維亞，

委內瑞拉國內生產毛額占財政收支比例與消費者物價上漲率曲線　　資料來源：國際貨幣基金

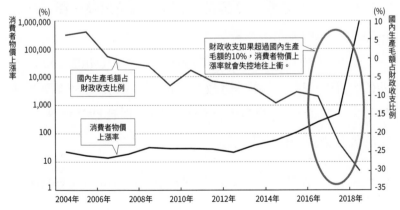

委內瑞拉並沒有強而有力的政府能實行吃力不討好的政策。

　　當時玻利維亞政府抱持不惜付出任何代價，都要杜絕惡性通貨膨脹的堅決態度，不與既得利益者妥協，並展開緊縮性財政政策，但委內瑞拉要大力推行緊縮性財政政策的政府問題都尚待解決，想要解決惡性通貨膨脹更是難上加難。

　　查維茲總統在1998年首度執權後連任四次，而後於2013年死亡，後來統一社會黨尼古拉斯·馬杜羅·莫羅斯（Nicolás Maduro Moros）兩次成功連任總統，但是2019年1月就任時也面臨激烈的政治分裂。

　　特別嚴重的問題是油價補貼，巴西與委內瑞拉國界緊鄰，兩國的人均國民所得水準相近，也都是產油國，以2013年為例，一天能生產300萬桶原油。

　　然而，兩國實施的能源政策卻截然不同。和大部分的國家一樣，巴西針對汽油課予重稅，委內瑞拉反而針對油價提供補貼。以2015年為例，巴西駕駛人每加侖（一加侖是3.785公升）要花費5.58美元，而委內瑞拉駕駛人卻只需支付每加侖0.04美元。

　　結果以2015年為例，委內瑞拉的人均汽油消費量是巴西的5倍[84]，背負著龐大財政赤字的產油國實施大規模的油價補貼，助長散漫的石油消費行為下，很難期待能像1985年的玻利維亞一樣出現奇蹟。

---

84 Daron Acemoglu, David Laibson, and John A. List (2019), *Economics*, 2nd Edition, Pearson.

26 惡性通貨膨脹與通貨緊縮二選一？

應該有不少人看見玻利維亞和委內瑞拉的惡性通貨膨脹事件後，會百思不得其解。

2008年全球金融危機後，美國與日本等相當多國家的中央銀行都自然而然地將政策利率調降到零利率水準，並收購政府發行的公債，果斷實行所謂的「量化寬鬆」。不過，為什麼這些已開發國家都不曾發生惡性通貨膨脹？

在我看來，決定性差異在於人民的「預期」。有別於委內瑞拉，美國與歐洲等已開發國家長久以來在運作健全財政方面經驗豐富，因此人民對通貨膨脹的預期心理不至於失控。事實上，這些國家都是在2010年前後景氣開始復甦，發現通貨膨脹壓力提高時，立即實行緊縮財政政策，努力守護人民對「健全財政」的期待。

當然，關於當時實施緊縮性財政政策的時機是否適當，可能會有質疑的聲浪。希臘等南歐國家在實行緊縮性財政政策後，成功度過財政危機，但是也有部分國家至今仍在低成長的泥沼中苦苦掙扎。最終，這樣的局面可說其實是取決於各國人民心中的「創傷」[85]。

德國在內的歐洲人民對1920年代惡性通貨膨脹引發阿道夫‧希特勒（Adolf Hitler）集權，受到莫大的精神傷害，

因此對於財政赤字失控擴張可能抱持著強烈的抗拒心理。很多聲音指出，日本也是一樣的情況，1945年戰敗後，惡性通貨膨脹造成的心理創傷，導致在處理1990年泡沫化問題的對策上造成不良影響[86]。

不過以身為經濟學者的立場來看，我只能說通貨緊縮比惡性通貨膨脹的危險性更高，之所以會做出這樣的判斷，原因在於「處理上的難易程度」。

如同前述玻利維亞的例子，發生惡性通貨膨脹時，實行緊縮財政政策就能立刻終結；相反地，通貨緊縮有著像是「慢性病」的性質，潛藏著會導致經濟落入持續惡性循環黑洞的危險。因此，在凸顯對通貨緊縮憂慮心態的經濟環境裡，落實更積極的財政政策是有必要的，而在無法實行這種擴張性財政政策的政治環境下，我認為持續實行「零利率」政策的可能性相當高。

86 Charles Wheelan (2017), *Naked Money: A Revealing Look at Our Financial System*, W. W. Norton & Company.

日本長期經濟衰退，
是中央銀行的責任嗎？

　　最近閱讀山家悠紀夫的著作《日本經濟三十年史》，其中有一段關於 1997 年亞洲金融風暴後，日本政府不當政策方向的描述。當時自民黨的橋本龍太郎執政，在參選之初就因為標榜所謂「改革路線」口號而勝選，因為主張的政策核心是改革金融體系與財政結構，於是在 1997 年亞洲金融風暴前夕提高所得稅，果斷地推行相關改革政策[87]。

　　然而，問題是 1997 年 7 月從泰國開始延燒到亞洲的金融風暴，日本也立刻受到影響，經濟開始瓦解。儘管如此，橋本龍太郎政府仍執意維持「改革政策」的策略，尤其是在包括山一證券在內的主要金融機構連鎖性倒閉風波中，即使「金融危機」的可能性升高，卻還是一意孤行地推動金融體系改革。像這種似乎是要金融機關各自解決危機的政策路線，為日後的經濟造成致命的惡劣影響。

　　另一方面，在「經營不善的金融機構就結束營業」的氛圍籠罩下，金融機構就只能尋求自力更生之路。

當金融機構開始為了自保而縮手縮腳，經濟就只會變得更糟。如果貸款到期，銀行就立刻追回，即便是財務結構健全的企業，甚至家庭也都會面臨週轉危機，破產的可能性因而提高。

下圖是1997年亞洲金融危機前後，日本的經濟成長率與企業貸款增加率曲線圖，可以看到企業貸款從1997年底至1999年為止正在劇烈減少。結果，1998年7月參議員選舉中，自民黨敗選，橋本內閣下台，換小淵惠三領導內閣，此時日本總算開始以政府立場支援金融機構，並實行擴張性財政政策。

1997年前後日本的經濟成長率與企業貸款增加率　　資料來源：聖路易斯聯邦儲備銀行

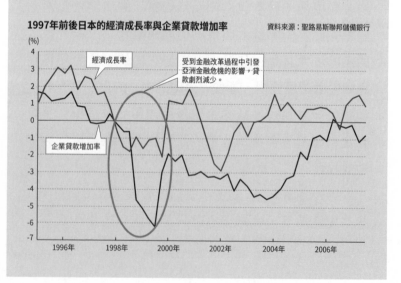

後疫情時代的經濟走向與投資策略

經濟擴張與經濟衰退的財政乘數有何不同？

財政乘數（Fiscal Multiplier）是指，政府的財政支出最終提升多少國內生產毛額的估算值。舉例來說，假設財政乘數是1.3，財政支出投入10兆元，這時候國內生產毛額會增加為13兆元。不過這裡需要留意一個概念，就是「財政乘數並不是一個固定值」[88]。

經濟擴張時期的財政乘數

下圖是經濟擴張時期，也就是景氣繁榮，市場利率上升時期的財政乘數。圖中的財政乘數低於1〔可參考基線（Baseline）〕；換言之，這是政府即便把財政支出擴張10兆元，而國內生產毛額卻無法增加到10兆元的情況。

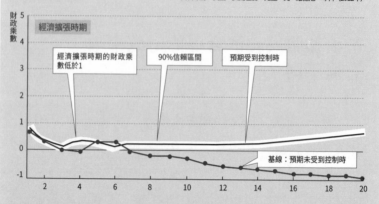

經濟擴張時期財政支出對國內生產毛額增加的效果

資料來源：艾倫‧奧爾巴赫、尤里‧戈‧羅德尼‧琴科 (2012年)

經濟衰退時期為何財政乘數會提高？

相反地，如下圖所示，當經濟處於衰退時期，財政乘數幾乎攀升到3的地方。不過，在經濟衰退時期，為什麼財政乘數會提高？換言之，為什麼國內生產毛額會隨著政府的財政支出而大幅增加？

經濟衰退時期財政支出對國內生產毛額增加的效果

資料來源：艾倫‧奧爾巴赫、尤里‧戈‧羅德尼‧琴科 (2012)

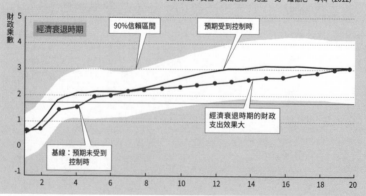

後疫情時代的經濟走向與投資策略

　　因為經濟衰退時，失業者較多，閒置設備也多，加上銀行會積極配合財政政策，增加放款的可能性提高；相反地，經濟繁榮時，市場利率上升更具衝擊性，可以說所謂的「排擠效果」（Crowding Out Effect）更有優勢。

　　因此，財政政策要能隨時考量「景氣條件」來果斷實行是必須的，經濟衰退時，積極的財政政策效果顯著；而經濟繁榮時，該政策會使財政惡化與利率上升等副作用更強烈。

開發中國家財政因為燃料補貼而敗壞

　　從前述提到的玻利維亞例子可發現，開發中國家的財政受到不正確的油價相關政策敗壞[89]。

　　首先，開發中國家的最大問題是行政力薄弱，沒有能力按時徵收稅款，相對比較容易徵收的能源相關部分卻給付燃料補貼，同樣是一大問題。

全球燃料補貼規模與構成　　　　　　　　　　　　　　資料來源：國際貨幣基金

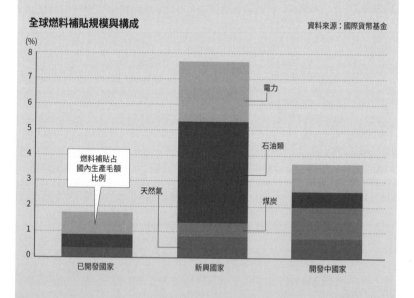

　　根據國際貨幣基金的分析，如委內瑞拉這樣的主要開發中國家支出裡，有高達國內生產毛額的3%至

7%用於燃料補貼。燃料補貼主要用於石油類，占國內生產毛額約4%，然後依序是電力（約2%）與天然氣（0.7%）。

　　不過，無論是新興國家或開發中國家，這些燃料補貼都集中於富裕階層。這些國家裡的中產階層並不多，低所得階層則是大部分可能家裡都沒有車子，因此龐大的燃料補貼福利，不但擴大貧富不均，進而造成環境汙染與交通堵塞等問題。於是，國際貨幣基金指出，這些龐大的資金不該用來幫助有錢人養車子，應該用於減少公共負債，以及促進未來經濟成長的動力上。

第 7 章

低利率、擴張性財政
時代的股市

第6章探討關於市場利率低於名目經濟成長率時期的各種政府政策（市場利率＜名目經濟成長率）。依我的看法，未來應該會有相當長的一段時間，除了採取低利率政策外，實行積極財政政策的可能性遠比任何時候都來得高，而且不管是對股票或不動產等資產市場都可能造成直接影響。

　　本章要了解股票市場受到的影響。

27 低利率環境下，股市本益比上揚

　　決定股價的因素是什麼？最重要的是公司績效，但是與績效同等重要的利率也影響甚大，這話怎麼說？

◉ 市場利率與本益比

　　我們可以透過每年都有穩定銷量的都市瓦斯公司D的例子來思考。假設不需要新投資，只要每年能維持一定水準的投資就萬無一失的D公司，每股盈餘是一年1,000元，如此一來，這家公司的股票就形同「沒有到期日的債券」。在這種情況下，D公司的合理股價應該是多少？

　　答案很明顯，就是隨市場利率而定。舉例來說，（信用等級相近的企業發行到期日較長的公司債）市場利率10%的情形下，假設D公司股價是每股20,000元，相較於股票的合理價值，股價被高估了，原因在於與市場利率10%相比，D公司股價是每股20,000元，而每股股利是1,000元，所以股息殖利率不過是5%。

$$股息殖利率 = \frac{每股股利}{股價} \times 100 = \frac{1,000元}{20,000元} \times 100 = 5\%$$

市場利率為10%，而D公司的投資能帶來的預期投資報酬率卻只有5%，因此公司股票將不再炙手可熱。但是如果D公司的報酬率要追上市場利率10%的水準，股價甚至可能會下跌到一股10,000元。D公司的每股盈餘是1,000元，而股價是10,000元，該公司的合理本益比是10倍。

本益比（Price-to-Earning Ratio, P/E）是指，公司現階段股價與每股盈餘的比率。本益比10倍的意思是，買下代表D公司整年度淨獲利的股票後，需要十年才能回本。本益比的計算方式是股價除以每股盈餘：

$$本益比 = \frac{股價}{每股盈餘} = \frac{10,000元}{1,000元} = 10倍$$

另外，假使市場利率下降到2%，又會是什麼情形？D公司的合理股價會是50,000元。D公司的每股股利為1,000元，如果要讓股息殖利率等於市場利率2%的水準，股價就必須是一股50,000元。

$$股息殖利率 = \frac{每股股利}{股價} \times 100$$

$$股價 = \frac{每股股利}{股息殖利率} \times 100 = \frac{1,000元}{2} \times 100 = 50,000元$$

　　如此一來，D公司的本益比變成50倍，也就是買了股票後，需要五十年才能回本。

◎ 為因應經濟危機而劇烈調降利率的初期

　　「利率下降＝本益比上升」這個關係，當然並不是永遠都能成立。就像最近政府當局積極調降利率，以因應迫切的經濟衝擊時期，本益比不但沒有上升，反而下降。例如，2020年3月底，當我還在為本書振筆疾書時，美國股市的本益比降到16倍，相較於2019年底，幾乎下跌四分之三[90]。為什麼會發生這種異常現象？

　　原因就在「利率上升」，公司債殖利率急劇上升時，企業不容易向銀行借到資金，就連利息也會變高，股價也因而難以上漲。

　　一旦利率開始下降，情況也會完全相反。政策利率的下降效應，加上企業體績效改善的期待，本益比上升的可能性就提高了。當然到目前為止，這只是一個期望，不過公司債殖利率下降的那一瞬間，想必應該就能確切感受到低利率的威力。

90　道瓊工業平均指數是計算三十種工業股票的平均價格指數。

⬤ 做好利率下降，本益比上升的準備

　　下圖是美國、韓國、巴西等世界主要股票市場的利率和本益比。從圖中可看出，利率越高的國家，本益比越低；利率越低的國家，本益比越高的傾向。當出現通貨緊縮的危險警訊與市場利率下降時，就該開始做好準備，迎戰本益比上升的可能性。

　　這是假設企業的每股盈餘每年都一致才會有的情況，現實當然會有所不同。例如以每年股利都提高的公司來說，合理的本益比應該會高於股利固定的公司，這是因為未來股利增加的可能性會反映在股價上。因此，希望讀者都能有一個概念，就是本益比與市場利率之間大致上呈現反向關係。

G20國家利率與股票市場的本益比曲線　　　　資料來源：彭博社（Bloomberg News）

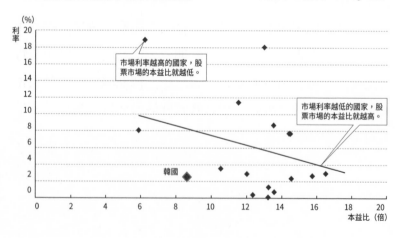

市場利率越高的國家，股票市場的本益比就越低。

市場利率越低的國家，股票市場的本益比就越高。

韓國

28 1990年日本股市泡沫化的禍端，同樣是「利率暴漲」

前面曾說明利率下降時，合理本益比上升的原因，接下來要探討利率暴漲時，股票市場將發生哪些情況。

◉ 利率暴漲時，股市會發生什麼問題？

假設1980年代後期有個日本企業家計劃讓公司上市，如果該公司的每股盈餘是100日圓，該公司將不會以400日圓的公開發行價格上市（此時本益比是4倍，如果收集每股盈餘四年，就足以購買以此金額公開發行的股票）。因為以每股400日圓的價格購入時，就有希望往後每年都能分得100日圓的獲利，因此預期投資報酬率是25%。假使這家公司把所有淨利都拿出來配股，股息殖利率大約是25%。

不過，1988年時日本銀行利率只有2.5%，在這種情況下，企業的獲利相當可觀，與其發行股票來籌募資金，改向銀行低利率貸款才更有利可圖，因此當股票市場萎靡、上市企業的本益比低時，企業增資或上市情形就會大幅減少。

⦿ 股市本益比高時，如果利率暴漲

　　股價上漲時，則會出現相反的現象。就像1990年的日本，績效不佳的公司股票以100倍的本益比交易，債券殖利率超過6%。這張股票的預期投資報酬率只有1%（＝每股盈餘／股價×100），加上債券殖利率超過6%，這時候經營者會做出什麼選擇是可想而知的。把從股票市場勤奮籌措的資金拿去投資債券，是利上加利的好生意，事實上類似情況曾發生在2000年韓國科斯達克（KOSDAQ）上市企業。

　　到這裡不禁想到一個問題：

　　　「1980年代後期，日本的本益比是幾倍？」

　　下圖是1980年底日本股市的本益比，當時日本股市的本益比大約是67倍。67倍的本益比是指買下股票後要等六十七年才能回本，由此可見，當時日本股市的高價程度。

　　結果1990年後日本股市泡沫化的原因，就是本益比暴漲，而且隨著市場利率上漲，股市供需平衡崩壞所導致。

　　從上述日本的事件可以了解，在利率上升的局勢中，股票本益比高的企業甚至國家會最先面臨危機，如果股市的本益比過高，則「首次公開發行」（Initial Public Offerings, IPO）的情形就會激增，市場資金從股票向債券靠攏的可能性也會提高。

　　相反地，利率下降時，股票市場整體的本益比有拉高的可能性，因此提高股票投資的比例是較可靠的做法。

日本股市的每股盈餘曲線　　　　資料來源：洪樁旭，《五〇年代事件中貨幣的歷史》，2019年

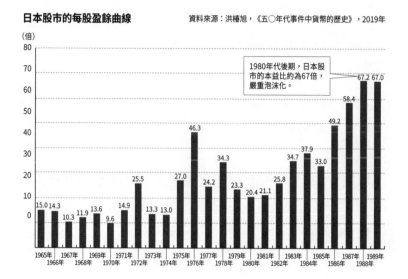

1980年代後期，日本股市的本益比約為67倍，嚴重泡沫化。

29　韓國股市為何會崩潰？

關於這個標題，或許有不少讀者心存疑問：

> 「韓國利率低，股市的本益比也不高，為什麼遭遇新冠肺炎就束手無策地崩潰了？」

原因有二，第一個原因是長鞭效應（Bullwhip Effect）。

● 長鞭效應

這裡的長鞭效應是指，已開發國家消費者即使再瑣碎的支出變動，都會對韓國等出口國家景氣造成嚴重影響的現象。

最先發現長鞭效應並形成理論的人，是全世界跨國消費性日用品製造業者寶僑（Procter & Gamble, P&G）旗下一位負責嬰兒尿布物流工作的員工[91]。嬰兒尿布基本上需求穩定，主要取決於估算每年新生兒人數的出生率，以及寶僑尿布的市場占有率變化，因此來自零售商的訂單數量照理說應該是固定的，但事實並非如此。

每筆尿布的訂單不是暴增，就是驟減，調查其他寶僑生

---

91 張英傑（音譯），《經營學音樂會》，264 頁，2010 年。

產的刮鬍刀或洗髮精等消耗性產品情形也都一樣。最終我們要了解，「消費者—零售商—批發商—製造業者—原物料」形成的供應鏈（Supply Chain），越接近源頭，波動性越大是相當普遍的情況。

韓國股市對出口景氣的敏感度高，可說就是長鞭效應的問題。出口比例高且波動大的情況下，出口量大，企業獲利前景可期；相反地，出口量少，企業獲利前景差。尤其是像最近受到新冠肺炎衝擊，2020年3月美國新增就業人數達到–7,100萬人，已開發國家的出口前景黯淡，造成企業獲利前景可能大幅惡化。

下圖是韓國企業獲利前景與出口的關係，可以看到韓國出口萎靡時，股票分析師預期的獲利前景也跟著惡化。

韓國企業獲利前景與出口的關係　　　　　　資料來源：FnGuide、韓國稅務局

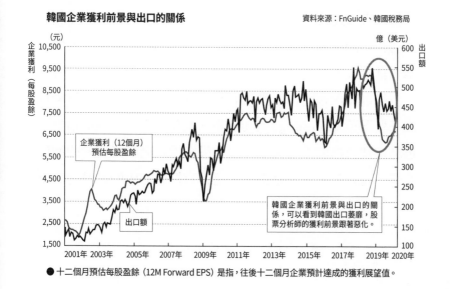

● 十二個月預估每股盈餘（12M Forward EPS）是指，往後十二個月企業預計達成的獲利展望值。

◉ 外資因素

2020年3月，韓國股市因為新冠肺炎而蒙受巨大衝擊的第二個因素，便是外資拋售股票。

下圖是外資淨買入與韓國股市動向，外資淨買入，韓國股市就會上漲；而外資淨賣出，股市就會下跌。

順帶一提，圖中的淨買入（累積）是2000年後外資淨買入（或淨賣出）累計的總額，例如2000年1月外資淨買入1兆韓元，但在2月淨賣出1兆韓元，則2000年2月外資淨買入（累積）是零韓元；換言之，當外資淨買入（累積）上升時，表示外資帶動韓國股票的買入趨勢，而外資淨買入開始下降，就代表正在積極拋售韓國股票。

韓國股市之所以強烈受到外資買賣影響，原因在於除了外資的投資比例大以外，國內投資人的影響力薄弱，尤其有人認為韓國機構投資人在國際比例低是凸顯外資影響力的因素，真令人傷感[92]。

最近韓國國內個人投資者都趁股市下跌的趨勢，積極買入三星電子（Samsung）等優質股，是過去難得一見的情形。也許這個選擇的「得失」，要到最後看新冠肺炎疫情的發展才能一見分曉，我則是由衷希望外資買賣造成的影響力能早日從韓國股市消退。

---

92 郭魯傑、全相敬（音譯），〈外資的投資特性與股市影響力分析〉，《財務管理研究》，30卷2期，2013年。

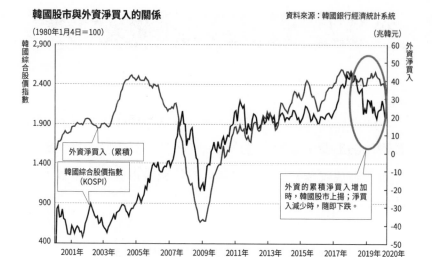

韓國股市與外資淨買入的關係

資料來源：韓國銀行經濟統計系統

（1980年1月4日＝100）

韓國綜合股價指數

（兆韓元）

外資淨買入

外資淨買入（累積）

韓國綜合股價指數（KOSPI）

外資的累積淨買入增加時，韓國股市上揚；淨買入減少時，隨即下跌。

2,900
2,400
1,900
1,400
900
400

60
50
40
30
20
10
0
-10
-20
-30
-40
-50

2001年 2003年 2005年 2007年 2009年 2011年 2013年 2015年 2017年 2019年 2020年

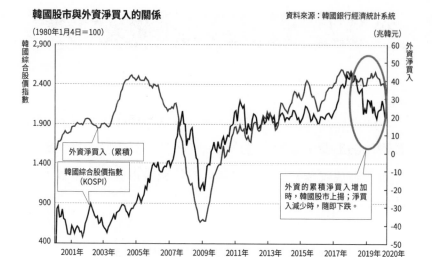

　　回到正題，基本上外資湧入是因為看準韓國股市的「投資魅力」，因此當出口暢旺、企業獲利可期時，傾向於買入韓國股票。於是，出口暢旺的同時，獲利前景得以改善，供需條件也好轉的情況下，韓國股市隨之上漲。

　　但是像新冠肺炎爆發的2020年3月，出口前景惡化，股票分析師下修獲利展望，加上外資淨賣出，此時股市就會暴跌。

　　以結果而言，韓國股市是基於先天條件而處於不可抗拒的劇烈波動，出口比例高，又由於股市的需求基本盤脆弱，深受外資影響，容易隨著海外因素的變化而起伏，未來這種現象會長期持續的可能性極高。

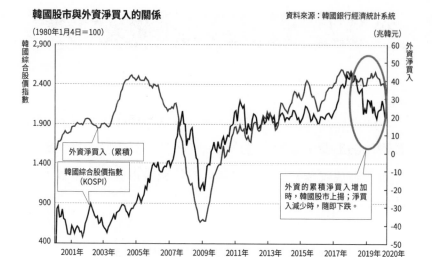

30 ▶ 新興市場的股市波動

　　前面提到韓國因為排在全球供應鏈的尾端，承受劇烈的長鞭效應影響，儘管本益比低、利率低，韓國股市仍然萎靡不振。這種說法容易讓人以為只有韓國股市低迷，事實上並非如此。

◉ 為什麼韓國股市緊隨新興市場波動？

　　從2008年後的新興市場（Emerging Market）與韓國股市的股價波動，可發現韓國股市的成績反而比傾向平均值的新興市場更為突出。換言之，韓國股市相較於美國股市是有些低迷的狀況，但是與整體的新興市場相比，反而上升動能十足。

　　首先，我們看一下新興市場的定義。新興市場是已開發國家市場〔已開發市場（Developed Market）〕的相反概念，是對尚未開發完全的開發中國家市場的另一種稱呼。只是人均國民所得3萬美元的韓國為什麼會被列入新興市場？這是因為韓國在外匯及證券市場方面的相關規範相當嚴謹。讓我們回顧一下2010年的一則新聞。

　　MSCI表示：「機構投資人對外資接近韓國股市抱持疑慮的態度」，並且說道：「韓元無法活絡交易、在外匯市場上交易受時差限制等，多年來這個問題一直無法得到解決。」說明韓國無法被編入已開發國家指數的原因[93]。

　　雖然用詞艱澀，但是內容不難明白，這段內容主要表示外國人投資韓國時需要的條件與資訊公開並不完善，加上向當局提出解決股市的交易時間受時差限制等困難，韓國政府當局遲遲不予回應。

　　當然，韓國政府當局的立場其實也不難理解。1997年亞洲金融風暴時，韓國的外國投資人大舉移走資金，造成韓國的金融危機，政府當局自然會存疑，認為在缺少最低限度的安全措施下完全開放市場並不妥當。由此可見，短期內韓國不太可能脫離新興市場，未來可能仍會被視為新興市場的一分子，下圖清楚顯示這種處境。

　　從下圖代表韓國綜合股價指數與新興市場指數的關係中，可看到兩個指數的移動方向類似，也就是投資韓國股市的人，除了留意韓國的數據外，也要觀察新興市場的股價波動。

---

93 韓國國內網路專業經濟媒體 Chosun Biz，「韓國 MSCI 編入已開發指數無望」，2010 年 6 月 22 日。

2001年後韓國綜合股價指數與新興市場指數的相對表現比較 資料來源：彭博社、韓國銀行

（2000年12月＝100）

韓國綜合股價指數

韓國股市緊隨新興市場的波動而變化

MSCI新興市場指數

● 為了比較韓國綜合股價指數與MSCI新興市場指數的波動，將2000年12月底的指數設定為100的曲線圖。

看到這裡，讀者可能會有這樣的疑問：

「新興市場的股價是怎麼決定的？」

讓我們解開這個疑惑。

◉ 為什麼當美元下跌時，新興市場股價上升的可能性就變高？

下圖是美元價值與新興市場／已開發市場相對強度，可以從圖中看到美元價值與新興市場／已開發市場相對強度呈

美元價值與新興市場／已開發市場相對強度　　　資料來源：彭博社、韓國銀行

（1973年1月＝100）　　　　　　　　　　　（2000年12月＝100）

美元指數：美元指數

新興市場／已開發市場相對強度

新興市場／已開發市場的相對強度

美元價值上升時，已開發國家股市就相對表現強勢；美元價值下跌時，開發中國家股市呈現強勁的上升彈力。

現反向移動。

　　也就是美元價值上升時，已開發市場比新興市場相對表現強勢；相反地，美元價值下跌時，新興市場比已開發市場表現強勁的上升動能。換句話說，新興市場股市升溫需要「弱勢美元」出現。

　　這裡的美元價值是將美國人重視的七個主要貨幣對美元匯率的加權平均值，稱為「美元指數」（US Dollar Index）。七個主要貨幣是指歐元、加幣、日圓、英鎊、瑞士法郎、澳幣及瑞典克朗。這一籃子貨幣與美元的匯率，並不是單純將匯率加以平均，而是根據交易規模再設定加權值計算[94]。美

94　FRB (2005), "Indexes of the Foreign Exchange Value of the Dollar".

元價值上升的意思是，相較於已開發國家的主要貨幣，美元的價格提高了；當然，美元弱勢的情況就與之相反。

回到主題，舉例來說，假設華倫‧巴菲特（Warren Buffett）或籃球明星麥可‧喬丹（Michael Jordan）這種美國的大富豪打算運用資金，除了美國以外，更想在海外分散投資。以他們的立場而言，身在美國這個全球最活絡的股票市場，似乎沒有必要非要把拿錢到海外不可。但是，如果哪天美元價值下跌，歐元或是英磅資產的價值上漲時，應該會有不一樣的想法吧？

31 股市反彈訊號一：
留意公司債殖利率

　　受新冠肺炎疫情影響，除了韓國以外，連已開發國家的股市也都暴跌。究竟要有什麼情況出現，才能帶來股市的安定與重現上漲趨勢？

　　最先想到的是「治療藥物」和「疫苗」，但我只是經濟學者，對於這個部分所知有限。假使我們先把這個問題當作「外來變數」，股市要反彈的最核心條件是什麼？先從第一個條件開始探討。

　　　　「第一個條件是先撫平公司債市場的創傷。」

⬤ 公司債殖利率為什麼會飆升？

　　下圖是國際油價與美國投資級公司債（BB級）利率的波動。這裡的投機等級是指BBB級以下債券，主要是由評估信用程度的信用評等公司，針對利息和本金償還能力不足的公司貼上「投機級」標籤。

　　從下圖可看到，新冠肺炎疫情爆發後，投機級公司債的利率急劇上升，這是因為大家對「經濟衰退」的恐懼加深了。

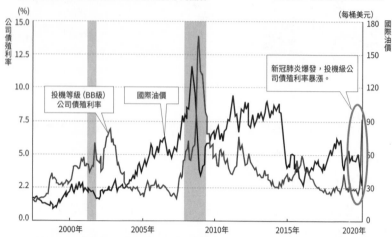

國際油價與美國投機級公司債殖利率的關係

資料來源：聖路易斯聯邦儲備銀行

公司債殖利率 (%)

投機等級（BB級）公司債殖利率

國際油價

新冠肺炎爆發，投機級公司債殖利率暴漲。

國際油價 （每桶美元）

● 灰色部分是美國國家經濟研究局裁定的經濟衰退時期。

　　尤其是美國能源相關企業的債券價格暴跌（即債券殖利率暴漲），這是國際油價暴跌事件導致獲利前景惡化所帶來的影響。然而，公司債殖利率暴跌並未終止於投機級公司，BBB級，甚至是A級公司債也受到波及，形成嚴重的問題，也就是恐懼正在迅速蔓延。

◉ 關注公司債殖利率的調整

　　公司債殖利率的調高，容易導致經濟上雙重問題。一旦利率調升，則企業必須比之前賺更多的錢，也就是需要支付比過去「更高的利息」才能籌措資金。不用說，信用評等低的企業想要籌措資金就很困難了。

後疫情時代的經濟走向與投資策略

　　如果銀行願意借錢給企業當然很好，只是我們不能忘了，自從2008年全球金融危機後，銀行的放款態度就變得十分保守。最終，因為新冠肺炎事件而一時面臨資金困境的企業萬一破產，這樣的衝擊可能會一波接著一波，也就是一時的外來衝擊可能導致長期經濟衰退。

　　或許更大的問題是企業的獲利衰退。下圖是美國的企業獲利（占國內生產毛額比例）與利息支出（占整體獲利比例）的關係。從圖中可看到，每當企業的利息支出提高，則績效急劇下滑的情形。

　　最具代表性的時期是2008年，在次貸危機中，市場利率暴漲，連帶演變成企業績效衰退。一旦企業績效衰退的

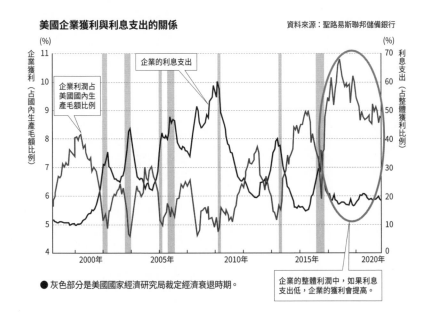

美國企業獲利與利息支出的關係　　　　資料來源：聖路易斯聯邦儲備銀行

● 灰色部分是美國國家經濟研究局裁定經濟衰退時期。

企業的整體利潤中，如果利息支出低，企業的獲利會提高。

可能性提高，不僅股市會下跌，僱用與投資跟著縮減的可能性也會提高。企業獲利前景快速惡化，再加上公司債到期日難以延後的情況下，不解僱員工還能堅持營運的企業是少之又少。

　　因此新冠肺炎危機中，美國聯準會透過接管公司債等防止利率暴漲，穩定金融市場的第一先決條件。

32 股市反彈訊號二：財政支出擴大

新冠肺炎爆發後，找回股市反彈的核心條件，即安定金融市場的第二先決條件為何？

> 「安定金融市場的第二條件是透過財政支出緩和因經濟活動中斷造成的衝擊。」

◉ 掌握財政支出增加的訊號

2020年3月，位於華盛頓的智庫經濟政策研究中心報告指出，「因應新冠肺炎病毒引起的經濟危機超前部署方案：不管是什麼方法，立刻去做就對了。」一如這段話中的描述，基本上為防止病毒擴散，越積極因應的國家越有可能面臨嚴峻的經濟衰退[95]。尤其是與外界交流頻繁、老年人口比例高又鄰近中國的國家，這樣的可能性更高。

因此，強力的擴張性財政政策勢在必行。2010年歐洲主權債務危機後，連實行最強力緊縮性財政政策的德國也無可避免地大力展開刺激景氣的政策，身為觸發整起事件的中

---

95 Richard Baldwin, Beatrice Weder di Mauro et al. (2020.3.18.), "Mitigating the COVID Economic Crisis: Act Fast and Do Whatever It Takes".

國卻沒有迅速發表擴張性財政政策，真是一件令人遺憾的事[96]。不僅如此，美國議會否決景氣刺激方案等拖延財政執行，同樣加速問題惡化。

到了這裡，應該會有不少讀者也想到一個問題：

「注入那麼多貨幣，經濟不會有問題嗎？」

大舉增加貨幣供給後，遙遠未來的經濟會發生什麼變化，連我也無法預測。不過，一如本書強調的重點，從考量通貨膨脹危機受到強力遏止，而低利率環境可能會長期持續這一點來看，大規模財政支出隨之而來的實際財政負擔（即利息負擔）可說是微不足道。等財政環境改善，視情況調高稅金後，再慢慢償還零利率負債，如此不但能讓經濟復甦，財政也健全了，不是嗎？

96 韓國財經媒體 MONEY TODAY，「2 兆美元振興經濟的美國，二十年『均衡財政』破局的德國」，2020 年 3 月 23 日。

後疫情時代的經濟走向與投資策略

更 進 一 步

活用韓國銀行的經濟統計資料庫

　　如果讀者想要親自確認韓國的經濟統計資訊，我強力推薦韓國銀行的經濟統計資訊查詢系統（ECOS）。我們試著搜尋一下進口物價。

　　1. 進入韓國銀行經濟統計系統（http://ecos.bok.or.kr/）官方網站，可以看到各個項目的資料夾。依序選擇「統計類（통계분류선택）→物價（물가）→進口物價指數（基本分類）〔수입물가지수（기본분류）〕」。

2. 選擇想要下載的統計資訊，輸入期間後，按下
「查詢」（조회）。

　　3. 出現如右邊進口物價指數統計頁面，按下畫面
左上方「下載」（다운로드）圖示，可下載搜尋到資料
夾裡面的資訊。

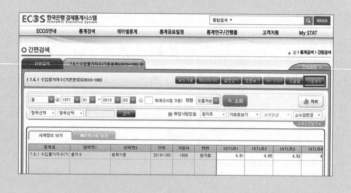

利率下降時，哪一種股票值得投資？

　　股票市場上可以找到各種投資商品類型，而這裡的商品類型可說是隨著景氣或利率變動，而跟著產生波動的股票大集合。

價值股與成長股

　　最具代表性的類型是價值股（Value Stock）與成長股（Growth Stock）。成長股是指和整體市場相比，獲利成長更高的企業股票；價值股則是指獲利成長的波動性較大或較差，因而不受投資人青睞的股票。不過，如此定義可能會過於狹隘劃分股票的類型。因此，通常將價值股分類為低本益比的企業，而成長股則是高本益比的企業。

在利率上升的局勢裡關注價值股

　　下圖是韓國政策利率與價值股／成長股的相對波動。從圖中可以看到，大致上在利率上升的局勢裡，成長股較不活躍。比方說，市場利率上升10%的情況

下，會選擇本益比20倍成長股的人並不多。

利率下降後成長股展現強勢

　　相反地，利率下降後，成長股會展現強勢。因為在利率已經降到2%、1%的情況下，人們也不會因為本益比是20倍就放棄投資。以成長股來說，很多時候是因為未來當企業如預期順利成長就能得到補償的預期下，成為投資人的選項。

韓國政策利率與價值股／成長股的相對強度

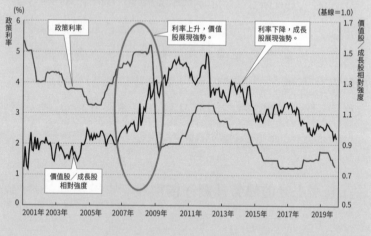

第 8 章

低利率、擴張性財政時代
的不動產市場

第7章探討的是「低物價、低利率」局勢中股市的變動，接下來第8章要將話題轉到不動產市場一探究竟。我的工作主要是接觸證券公司、銀行及研究年金，對於不動產市場的了解自然不比股市來得深入，所以並不打算也沒有能力對大家提出應該到哪裡買不動產等具體建議。不過，秉持著對經濟和不動產市場關係的多年研究經驗，接下來將以此為焦點深入探討。

33 決定不動產市場趨勢的是什麼？

首先，了解一下決定不動產市場趨勢的因素有哪些，包含利率、需求、交通等各種因素，而股市傳奇人物巴菲特則強調供給是最重要的。

> 長久以來，住宅數量都是跟隨著家戶數量，不過2008年以前的住宅數量比家戶數量還多，結果不動產市場嚴重泡沫化，整個經濟都搖搖欲墜。……
>
> 現在，已經有了重大逆轉。與住宅數量相比，家戶數量每天都在增加。……現在每年約有60萬件動工的住宅，比家戶增加數量減少很多。目前住宅的購入或租賃情形都在增加，過去住宅供過於求的狀態正在快速消解[97]。

為什麼巴菲特對不動產市場抱持樂觀態度？

巴菲特在文中提到的「現在」，是指2010年至2011年，他是在美國不動產市場從2006年底開始暴跌結束，力圖上升

---

97 巴菲特、理查‧康諾納斯（Richard Connors）著，吳國卿譯，《向巴菲特學管理：巴菲特寫給股東的信‧經營管理篇》（*Warren Buffett on Business: Principles from the Sage of Omaha*），財信，2011 年。

時，展現對不動產市場的樂觀態度。

　　巴菲特在這個時期不曾停止表達自身的樂觀態度，不僅接管住宅建設事業，更事先預測木材可能會短缺，而大手筆購買加拿大的森林。巴菲特在投資上暴富不只一、兩次，所以在投資住宅建設事業上再創成功，也就不需要特別談論，只是就連不動產市場的生態也有所涉略，這一點實在令人敬佩。

　　巴菲特的預測精準無比，美國住宅價格如同他的推測，在2010年至2011年跌到谷底後，2012年逆轉，一路展現上升態勢，在此之後開工的新住宅變多了。而且一如他的預測，直到2019年底為止，新住宅件數不足，發出「供不應求」的訊號。從歷史的角度來說，大約130萬至140萬戶才

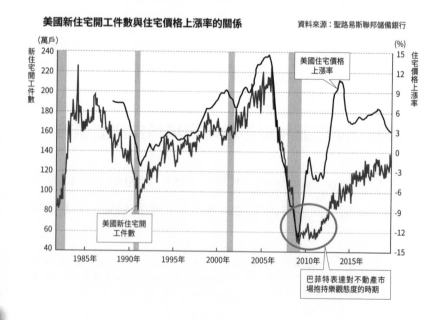

美國新住宅開工件數與住宅價格上漲率的關係　　　資料來源：聖路易斯聯邦儲備銀行

是充足的供給量，直到今天為止，美國住宅供給部分仍然欲振乏力，難以擺離現況。

　　據我的推測，美國房市供給不足的情況，大概需要超過歷史平均水準兩年至三年以上，住宅市場供給量才能平衡。不過，這樣就認定往後美國房市會持續保持強勢似乎並不妥當，因為還有另一個因素與供給不足同樣重要。

在不動產市場上，與供給一樣重要的因素就是利率。一般而言，不動產市場在利率上升時呈現弱勢，而在利率下降時則呈現強勢。不動產市場會如此對利率條件敏感的原因在於，即便是對已開發國家人民而言，不動產同樣是非常昂貴的資產，因此通常是以房價八至九成的貸款來購屋，韓國在前一段時期也有很多人以房價七成的貸款購屋。

● 與供給一樣重要的因素：利率

正因如此，一旦利率下降，不動產市場就會變得炙手可熱。下圖是美國房價與利率的關係。每當利率暴漲，不動產價格就會暴跌，同時不難發現景氣因而衰退的情形。最具代表性的時期是1979年至1981年，1980年代後期也曾發生類似事件。最令人印象深刻的時期是2000年代後期，此時美國不動產價格曾創下歷史性暴跌紀錄。

金融市場的參與者隨著美國聯準會相關人士的一字一句而一喜一悲，最直接的原因最終還是在不動產市場。在美國聯準會持續提高利率的情況下，不動產抵押貸款利率會就上升，

進而抑制不動產市場，造成經濟前景堪慮。事實上，美國聯準會相關人士甚至認為與長短期利率的差異相比，不動產市場的統計才是更具說服力的景氣預測指標[98]。因此，不動產市場如果只看供給與利率的大範圍指標，還是有所展望。

美國不動產抵押貸款利率與房價上漲率的關係　　　　資料來源：聖路易斯聯邦儲備銀行

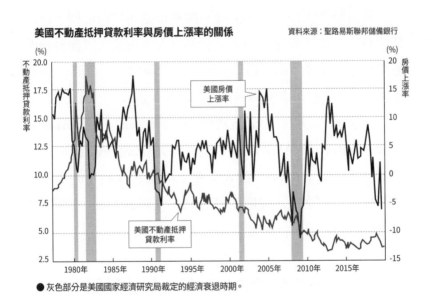

● 灰色部分是美國國家經濟研究局裁定的經濟衰退時期。

98　St. Louis Fed (2019), "Predicting Recessions: Which Signals Are More Accurate?".

新冠肺炎衝擊後，
美國不動產市場何去何從？

新冠肺炎事件之後，美國不動產市場會如何發展，這個
問題有太多的不確定性因素。有部分人士主張，實體經濟的
衝擊可能會波及不動產市場，導致房市崩潰，至少要到2020
年3月中旬美國房市參與者才可能感到樂觀。

下圖是全美住宅建築商協會（National Association of
Home Builders, NAHB）每月發表的房屋市場指數（Housing
Market Index, HMI）。美國房屋市場指數被視為評估房地
產的最佳指標之一，從圖中可看到，直到3月為止，房屋市
場指數已經超過50，被認為是參考點。

美國房屋市場指數呈現好兆頭的原因

美國的房市條件無畏新冠肺炎疫情肆虐全球，榮景持續
到調查起點（2020年3月17日為止），最大的原因是抵押貸
款利率（不動產抵押貸款）暴跌。

美國聯準會推測，新冠肺炎疫情可能會再擴大，於是
在2020年3月15日將政策利率從基本的1.00%至1.25%，
以迅雷不及掩耳的速度降到0.00%至0.25%，大幅下降1個

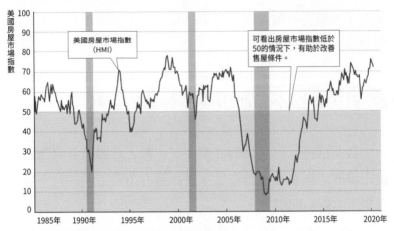

美國的房屋市場指數曲線　　　　　資料來源：顧問觀點（2020.3.17）[99]

美國房屋市場指數

美國房屋市場指數
（HMI）

可看出房屋市場指數低於50的情況下，有助於改善售屋條件。

1985年　1990年　1995年　2000年　2005年　2010年　2015年　2020年

● 灰色部分是美國國家經濟研究局裁定的經濟衰退時期。

百分點。同時宣布未來幾個月內，將購入至少5,000億美元的美國公債，和至少2,000億美元的不動產抵押貸款證券（Mortgage Backed Securities, MBS）。美國聯準會的這項措施，使得政策利率降到零利率水準，在公債殖利率暴跌下，抵押貸款利率也跟著下跌。

因為當房屋抵押貸款的貸款利率下降時，不但新購屋者的利息負擔減少，還可降低一開始以高利率貸款的人用更低利率貸款，償還初次貸款的再融資（Refinancing）行為。

---

99 美國的投資公司顧問觀點（Advisor Perspectives）發表於 2020 年 3 月 17 日，"NAHB Housing Market Index: 'Builder Confidence Declines But Remains Solid Amid Rising Risks.'"

不動產價格當然不可能因為經濟活動萎縮與失業狀況而暴漲，不過在各種資產與經濟指標中，不動產市場受到的打擊應該是最輕的。

對於美國不動產市場悲觀論的反駁

對此抱持反對意見的專家不在少數。悲觀論者認為公司債市場的恐慌殃及不動產抵押貸款債券市場造成的利率暴漲是刻不容緩的問題[100]。

這個主張有一部分是事實，但是以三十年期的固定利率抵押貸款當作基準點來看，利率水準從2019年10月15日的4.94%，下跌到2020年3月5日的3.29%，是難以忽視的狀況。

2020年3月初以來，公司債市場發生恐慌，抵押貸款利率歷經兩週內上升0.36%是不容辯解的事實（2020年3月19日為3.65%）。但是相較於過去一年的跌幅，上升幅度相對來說不算太大。而且以美國聯準會大舉購入不動產抵押貸款債券和公司債，實施所謂「量化和質化寬鬆政策」（Quantitative and Qualitative Easing, QQE）的決定來說，提高緩解抵押貸款利率上漲的可能性[101]。

---

100 Zillow Research (2020.3.23), "Early Data Point to U.S. Housing Slowdown in Coming Weeks".

101 韓國財經媒體 Infomax，「聯準會，QE 無限擴張；公司債市場支援等加強刺激進擊（綜合）」。

　　因此，儘管新冠肺炎造成嚴重的經濟打擊，美國不動產市場（與其他部分相比）相對穩定的可能性很高，尤其是房屋供給的低迷趨勢如果持續，我認為不無重啟拉鋸戰的可能。

美國抵押貸款利率曲線　　　　　　　　　　　　資料來源：聖路易斯聯邦儲備銀行

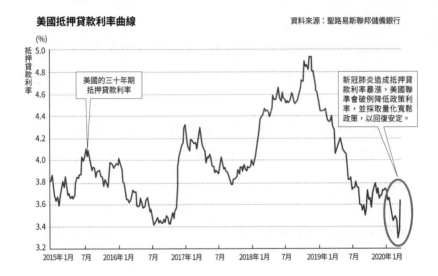

現在要談談韓國不動產市場的情形，韓國也重視住宅供給量嗎？答案是肯定的。

下圖是韓國住宅建築開工統計與住宅價格的關係，圖中住宅供給量左右不動產市場的循環現象，可以看出在韓國也一樣。

住宅興建時期，每二至三年房價的上升會趨緩；相反地，房價下跌局勢持續時，住宅的開工情形也會急劇下滑，扮演阻止房價下跌的角色。

韓國住宅建築開工與房價上升率的關係　　　　資料來源：韓國統計處

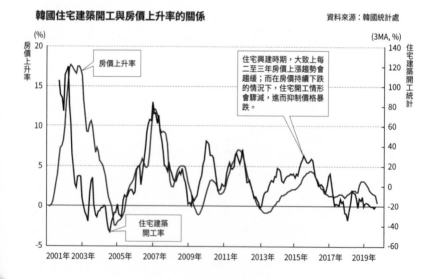

　　不過，從近期韓國的住宅建築開工趨勢中，可以發現2016年以來已經是第四年動工情形減少了。引發住宅供給量減少的因素有許多，其中重建相關規定更為嚴謹，以及政府導入重建超額利潤分配制度等，都是造成極大影響的原因。此外，韓國土地住宅公社（Korea Land and Housing Corporation, LH）等土地公司在2014年後就停止提供公共部分的住宅用地，也被視為導致住宅供給量減少的重要因素[102]。

　　雖然2018年發布第三期新都市開發計畫，但是一如二期新都市，仍有些地區銷售不佳，大規模的住宅用地開發耗費時日總是問題所在。因此，首都圈核心地區的供給不足可能會持續相當長一段時間[103]。

---

102 《金融時報》，〈LH 債台高築，基本事業全面檢視〉，2014 年 2 月 5 日。

103 韓國《經濟日報》，〈漲停版後續風暴，首都圈外圍二期新都市「賣不出去怎麼辦」〉，2019 年 8 月 13 日。

有些讀者可能會有這樣的疑問：

> 「如果韓國人口也開始減少，會不會像日本一樣造成不動產價格暴跌？」

人口減少的問題先放到一邊，我們關注一下日本不動產價格的暴漲與泡沫化。

日本不動產的暴漲與泡沫化

日本的土地價格從1991年開始到2016年都是下跌的局面，2017年才回復上升趨勢[104]。報導這件事的《華爾街日報》（*The Wall Street Journal*）在文中刊登位於東京的皇居照片，這讓我實在忍不住笑出聲。在不動產價格反彈的報導會出現這張照片，是因為1990年日本不動產市場達到最高點時，日本以皇居土地的昂貴程度，甚至可以買下整個美國加

---

104 *The Wall Street Journal* (2018.9.18), "27th Time Is a Charm-Japanese Land Prices Increase for The First Time Since 1991".

州的土地而自豪。

一如這個例子，1980年代後期到1990年代初期日本房價的昂貴程度讓其他國家只能望其項背，根據德國自由柏林大學（Freie Universität Berlin）經濟學教授卡特琳娜・柯諾（Katharina Knoll）等人發表的一篇有趣論文指出，全球不動產甚至可用「日本」與「日本以外」來區分[105]。

下圖是將1913年房價基準設定為100，與世界主要國家的房價比較。美國、英國、法國、澳洲等世界12個國家的實際房價在一百年來上漲4倍，日本則是從1913年至1990年為止上升約31倍後，二十五年來下跌約50%。

世界主要國家的實際房價曲線　　　資料來源：柯諾等（2017年）

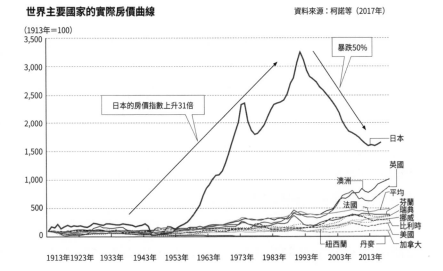

---

105 Katharina Knoll, Moritz Schularick and Thomas Steger (2017), "No Price Like Home: Global House Prices, 1870-2012", *American Economic Review* VOL. 107, NO. 2, February 2017, pp. 331~353.

日本不動產市場為何選擇不一樣的路？

　　最大的原因被認為是，日本的經濟成長速度比其他已開發國家快速，而且都市化發展迅速。另一方面，1985年簽訂廣場協議（Plaza Agreement）後，日本銀行展開強力的低利率政策也是不可或缺的因素之一。廣場協議的內容，主要是為了解決美國的貿易赤字而使美元貶值。基於這項協議的影響，美元兌日圓匯率從1985年的242日圓降到1988年12月的124日圓，不過三年的時間，日圓匯率等於被砍了一半。

　　像這樣日圓匯率暴跌後又上漲，在國際市場上出口產品的價格競爭力衰退，造成日本陷入嚴重的出口萎縮、物價下跌。於是，日本銀行為了防止景氣衰退，將政策利率從1985年的5.0%調降到2.5%，約下調2.5個百分點，而且還好有如此強力的低利率政策，才得以防止「日圓衰退」發生。

　　然而，利率暴跌之後，房價卻開始暴漲。比方說，日本皇居一帶，位於千代田區大手町的商用大樓，每3.3平方公尺的價格是8,250萬日圓，東京核心地區的房價所得比（Price to Income Ratio, PIR）從1984年的6.9倍上漲到1988年的15.6倍，短短四年內，漲幅達到2倍以上。

　　當房市泡沫化逐漸擴大時，基於擔憂泡沫破裂的疑慮，日本銀行從1989年開始升息。這一次政策利率從2.5%調升到1990年的6.0%，不過一年內調漲約3.5個百分點。結果不動產市場一舉凍結，加上中東地區波斯灣戰爭的衝擊加壓下，日本經濟陷入水深火熱。尤其日本政府當局於1990年代初期大

行公共建設的舉動，更加深供需失衡[106]。

下圖是日本建築開工件數與美國建築開工件數的比較。圖中可看出，日本的住宅開工件數在1990年代初期每年超過150萬戶，這是比日本多出大約3倍人口的美國還要多的建築開工件數。

最終，日本不動產市場陷入漫無止盡的停滯中。總結而言，這是除了房價暴漲導致強烈的房市泡沫化外，住宅的供過於求，和1990年前後政府當局過度自信，積極升息的結果。

綜合以上分析，2008年美國不動產泡沫化與1990年日本的經驗有很多類似之處。房價暴漲的狀態下發生供過於求，以及積極調升利率，意外導致不動產市場崩潰。

日本的住宅建築開工與美國的建築開工比較　　　資料來源：住宅金融公社（2018年）

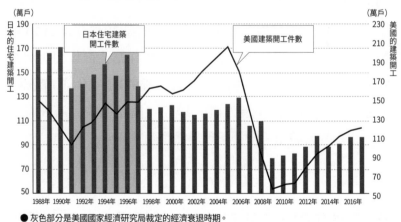

● 灰色部分是美國國家經濟研究局裁定的經濟衰退時期。

---

106 住宅金融公社，「回憶裡的下跌，關於停滯的回顧：日本房市長期停滯的原因分析與韓國房市時事檢討」，2018 年。

38 工作年齡人口的減少，
   將影響不動產市場？

可能會有讀者心生這樣的疑問：

> 「即使工作年齡人口減少，房價還是一樣會上漲嗎？」

事實上，根據韓國統計處推估，韓國的工作年齡人口比例從2012年73.4%的高峰持續下滑，到2067年可能會減少到45.4%[107]。

不過從全國房價動向來說，神奇的是2013年至2014年從谷底爬升，出現房價上漲，但是工作年齡人口比例明明在2012年達到高峰後就持續下滑。更有趣的是，日本的情況也一樣。日本的工作年齡人口從1997年開始減少，過去六年來，京都等大城市房價卻呈現暴漲趨勢[108]。

● 工作年齡人口正在減少，韓國房價為何上漲？

最先想到的原因是「供不應求」。從房產大約是每五十

年折舊的角度來說，首爾現存的287萬戶住宅中，每年有5.7萬戶需要重新改建[109]。當然也有很多房產能使用五十年以上，但是這只能代表建築還沒有崩壞的危險，從居住品質的角度而言，卻無法滿足現代人要求的水準，尤其對高所得水準的首爾市民更是如此。

我在當年新婚之初，曾住在1970年代初期建造的公寓一段時間。雖然公寓有電梯，卻是管線老舊毀損的房屋，水龍頭打開後要等一陣子才會流出清澈的水，遇到假日，大家用水量激增，水管總是破裂，無法用水。有一年中秋節早上，水管突然爆裂，導致新婚時剛買的新家具全都泡水，到現在回想都還歷歷在目。當時我家住在七樓，六樓和五樓共用管線的鄰居也全都淹水。老舊建築的牆壁不知已經裂了多少道細縫，不用看都可想而知。

總而言之，住宅供給若無法達到適當水準，首爾每年會有50,000至60,000戶住宅將失去作為房屋的使用價值，也就是房屋結構雖然還在，但這些房屋終將完全無法滿足住戶的需求，變成連居住都有問題的房屋。問題如此，首爾的住宅供給量至今仍無法達到應有水準[110]。

---

109 韓國統計處，「2017 人口住宅總調查」，2018 年 8 月 27 日。

110 韓國經濟日報，〈住宅供應量充足？〉，首爾，反映住宅減少的「供給量」十年來最低。

韓國工作年齡人口比例變化與實際地價指數的關係　　資料來源：國際清算銀行、世界銀行DB

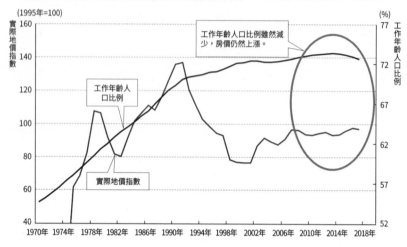

後疫情時代的經濟走向與投資策略

39 大都市是創新企業首選

　　造成韓國房市供需失衡的更嚴重因素是「群聚效應」（Cluster Effect），是指好的工作區域會吸引人們聚集，然後促進更多新工作區域形成。順帶一提，首爾到水原市，人稱「京釜軸」園區是全球申請專利最多的三大地區之一[111]。相較於首爾－水原園區申請專利更多的地方，依序是東京－橫濱（全球第一），以及香港－深圳（全球第二）地區。

◉ 群聚效應與資通訊創新

　　人們往大都市集中的現象，不只發生在韓國，在小城市與首都和平共存的歐洲，最近也有規模化的趨勢[112]。

　　發生往大都市人口集中的現象，最直接的原因是資通訊創新。以前的製造業通常是在容易取得原料與確保勞力的地區發展，像是美國克里夫蘭與英國利物浦就是代表性城市。鐵礦或煤炭等原料的取得便利，經由運河等毗鄰其他地區，又容易從周邊以低廉價格取得勞力的地方成為製造業中心。這一點在韓國也一樣，從浦項到蔚山、巨濟市為腹地的南東臨海工業地區，成為製造業中心。

不過，資通訊創新在企業偏好的「地理位置」條件方面帶來本質上的變化，與過去相比，資通訊企業雖然精簡生產人力，但需求更大型的技術研發中心，而且這類大型技術開發中心全都設置在大都市。世界級經濟學家恩里科·莫雷蒂（Enrico Moretti）對創新產業的特徵提出以下描述：

> 傳統產業想遷移到國外相對容易，可是對創新企業而言，轉移陣地卻並非易事。現在假設有一家生產玩具或紡織品的工廠，我們無法完全阻止這家工廠遷移到中國或印度。……

> 只要鄰近鐵路或港口，至於確切所在地究竟是哪裡，對製造業而言並不重要。可是同樣的理論放在創新企業上並不相通，假使把生技研究所或軟體公司設置在人跡罕至的地方，還滿心期待企業能繼續創新是不可能的。創新是十分艱難的事，革新的創意在孤立狀態下絕對無法誕生。為了創新生產，找到適合的生態圈是非常重要的，尤其高科技產業的成功不僅是那些工作人員的優秀特質，更取決於企業所處的整個地區經濟。……

> 創新產業不只是具有強烈凝聚力的傾向，這種凝聚力一旦形成就不會消失，即便是視訊會議、電子郵件、網際網路都無法削弱這種凝聚力的強度[113]。

---

113 莫雷蒂著，王約譯，《新創區位經濟：城市的產業規劃決定工作的新未來》（*The New Geography of Jobs*），馬可孛羅，2020 年。

也就是說，資通訊企業都集中在大都市的情形，並不是韓國特有的現象。

◉ 為什麼創新企業都聚集在園區？

那麼，究竟為什麼那些創新企業都往已經成形的產業中心集中？莫雷蒂教授指出這種現象稱為「集聚力」。

> 經濟學家把三個要素統稱為「集聚力」（Force of Agglomeration）；緊密的勞動市場、專業的事業基礎設施，以及最重要的知識傳播。……
>
> 一旦某個區域引來幾家高科技企業落腳，這個區域會變成具有更多高科技企業聚集吸引力的地方；換句話說，很多具備專業技能的人想在創新產業工作，而創新企業也在尋求這些專業人士的同時，形成自我整合的生態平衡。……

> 高科技產業需求可利用的專業人力、專業的供應商和足以支援知識更新的大規模創新中心為發展基地，藉

此變得更具創造力和生產力 [114]。

　　企業透過緊密的勞動市場，從首爾－板橋園區較容易取得需要的人力。此外，從勞動者的立場而言，即使被某家公司解僱，就近再找到新工作的可能性也較高。核心開發人員也能透過交談、一起用餐等交流過程，將各種構想化為現實，如此一來，企業競爭力也能因此獲得改善。所以未來為了維持各自的競爭力，韓國的資通訊企業將不得不把核心部門移往首都圈核心區域。不久前，全球性韓國半導體企業SK

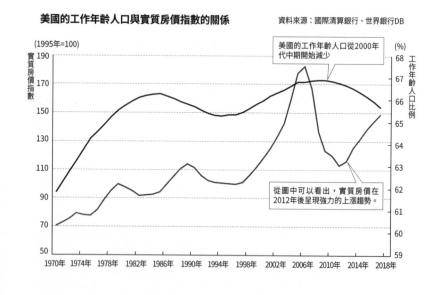

美國的工作年齡人口與實質房價指數的關係　　　資料來源：國際清算銀行、世界銀行DB

（1995年=100）
實質房價指數

美國的工作年齡人口從2000年代中期開始減少

（%）
工作年齡人口比例

從圖中可以看出，實質房價在2012年後呈現強力的上漲趨勢。

114　莫雷蒂著，王約譯，《新創區位經濟：城市的產業規劃決定工作的新未來》，馬可孛羅，2020年。

後疫情時代的經濟走向與投資策略

海力士決定將技術開發中心遷移到龍仁市，應該也是基於這樣的原因[115]。

更進一步來說，因資通訊創新而受惠的人們將以高所得形式得到報酬，因為通常企業都傾向支付高生產力與高學歷員工豐厚的報酬，而且這些員工永遠處於時間不夠用的狀態；換言之，「時薪」太高，於是很多的活動都只能訴諸「外包」。最具代表性的例子是外食，每個高所得人士聚集的大都市街道上，米其林星級餐廳比鄰而居也是出於這個原因。

莫雷蒂教授將這類工作劃歸為「區域性工作」，認為區域性工作增加速度超過高科技產業的工作機會。

針對全美320個大都市地區，110名勞動者分析的研究結果指出，在大都市地區，每多出一個高科技職缺，則高科技以外的領域長期會衍生五個職缺。

這五個職缺分別能為不同的勞動者組織帶來利益，根據乘數效應產生的職缺中，有兩個是專業性工作，其餘三個則是非專業性職缺[116]。

把上述內容整理歸納如下，在大部分已開發國家生產人力的精簡雖然由來已久，但是創新產業的中心地區與這種經

115　《每日經濟日報》，〈SK 海力士砸 122 兆，於龍仁市設置全球最大半導體生產線〉。

116　莫雷蒂著，王約譯，《新創區位經濟：城市的產業規劃決定工作的新未來》，馬可孛羅，2020 年。

濟整體的動向並沒有太大的關聯性。只是因為一群想從事創新產業工作的年輕勞力往中心地區聚集，且人員的所得水準高，於是對優質住宅的需求因而強烈浮現，美國就是最具代表性的例子。

　　上頁圖是美國的工作年齡人口與房價曲線，雖然美國的工作年齡人口從2000年代中期開始減少，但全美房價在2012年後呈現上漲趨勢，可說是預測韓國未來房價的提示。

40 嬰兒潮世代的購屋潮

　　工作年齡人口在減少，韓國的房價卻持續上漲的第三個原因，嬰兒潮世代積極購屋是不容忽視的情況。

　　一般來說，有些人到了退休年齡，會出售持有的房屋，把錢存到銀行，賺取利息。不過，韓國的嬰兒潮世代（1955年至1963年）則正好相反。

　　從下頁圖中可看到，韓國50世代和60世代以上的家庭在2010年代中期都是積極的「買方」，為什麼會有這樣的現象？

　　最大的原因是「低利率」，年利率不到1%的情況下，「退休時售屋，靠利息收入養老」的傳統養老規劃模式難以運作。舉例來說，假設一位退休者將持有相當於8億韓元的房產變賣後，搬到年租金3億韓元的房屋居住，並計劃把剩餘的5億韓元存放銀行，作為老後的生活費。

　　然而，由於利率下降到1%，年息所得剩下不到1,000萬韓元。像這樣面臨意料之外的超低利率環境下，嬰兒潮世代大致會出現兩種行為。

　　第一種行為是延後退休。即使薪資不盡理想，為了熬過低利率環境，而降低自身標準屈就。最近60歲以上年齡層的勞動參與率提高，這一點即是背後的因素。

　　第二種因應做法是試著成為「房東」。2010年代初期，

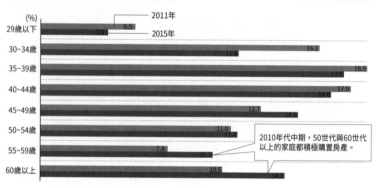

韓國不同年齡層的公寓購入者比例變化　　　　　　　　資料來源：韓國監察院

(%)
- 2011年
- 2015年

29歲以下　3.9　5.5
30~34歲　11.4　16.1
35~39歲　17.5　18.9
40~44歲　16.6　17.9
45~49歲　12.7　14.5
50~54歲　11.0　11.4
55~59歲　7.4　10.4
60歲以上　10.5　14.1

> 2010年代中期，50世代與60世代以上的家庭都積極購置房產。

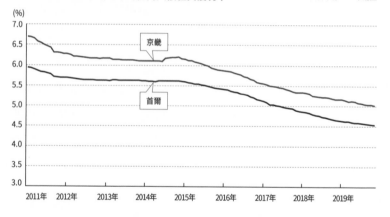

2011年後首爾與京畿地區的住商大樓租賃獲利率　　　　　資料來源：KB不動產

(%)

京畿

首爾

2011年　2012年　2013年　2014年　2015年　2016年　2017年　2018年　2019年

租賃獲利率至少有6%以上，由於比貸款利率來得高，當房東可說是很合理的選擇。以持有的房產作為抵押，然後用貸款投資適合出租的中小型公寓，這樣就能創造超越貸款利息的現金收入。這裡的中小型公寓價格上漲帶來的「價差」是附加價值，算是實行「價值投資策略」。

後疫情時代的經濟走向與投資策略

　　實行這種策略的嬰兒潮世代都大獲全勝，因為從2014年的谷底，首爾等幾個核心地區的房價連續六年都呈現上漲趨勢，尤其小型公寓的價格更是暴漲，況且政府給予這些租賃業者各種優惠稅制，於是嬰兒潮世代大刀闊斧地擴大不動產方面的投資。

41 新冠肺炎後，不動產市場還會維持上漲趨勢嗎？

　　總結以上內容，韓國不動產市場是在「供給不足」的爭議中連續六年上漲，可是新冠肺炎爆發後，還能保持上漲趨勢嗎？為了找到這個問題的答案，要先回顧一下曾在韓國發生的「危機」。

◉ 2008年全球金融危機的啟示

　　首先，要看一下2008年全球金融危機前後，韓國不動產市場的局勢。下頁的曲線圖是韓國的景氣綜合指數週期時間變化值與全國房價上漲率的關係。景氣綜合指數週期時間變化值是韓國統計處基於掌握經濟條件而製作的指數，當數值在基線（100）以上表示景氣條件良好；相反地，如果在基線以下便視為經濟衰退。

　　從曲線圖可以看出全球金融危機當時，景氣綜合指數週期時間變化值急劇下降。2008年1月從最高點（102.4%）開始下降，2009年2月（97.7%）降到最低。

　　但是房價的波動卻並非如此，房價不是一樣從2008年1月下跌，而是從當年10月才開始下滑，隔年（2009年）3月跌

2008年全球金融危機前後，韓國景氣綜合指數與房價上漲率的關係

資料來源：韓國統計處、KB國民銀行

到谷底，整體下跌期間是短短六個月，價格跌幅只有1.4%。

透過這個例子，可了解以下兩件事。

「與股市相比，房市相對穩定性高，但是發生經濟
危機時有點滯後的傾向。」

🔄 1997年亞洲金融風暴的啟示

我們當然不能單憑2008年的一次經歷就認為是普遍的
現象，那麼亞洲金融風暴當時的情況又是如何？

下圖是1997年亞洲金融風暴前後不動產市場的局勢，景氣綜合指數週期時間變化值於1997年9月達到104.1%後崩潰，1998年8月降到93.0%。順帶一提，這是韓國統計以來史上的最低數據，這時候的房價又是什麼情況？

　　韓國的房價在1997年10月達到高峰，一年後的1998年12月開始反彈。順帶一提，這段期間的房價變動率是−12.9%，雖然這是韓國房價史上最糟糕的暴跌事件，但是從景氣綜合指數9.1和股市下跌70%以上的情形，可了解到房市的穩定性極高。不過，不動產市場在景氣復甦後才開始上漲的「滯後性」部分倒是類似。

亞洲金融風暴前後，韓國景氣綜合指數週期時間變化值與房價上漲率的關係

資料來源：韓國統計處、KB國民銀行

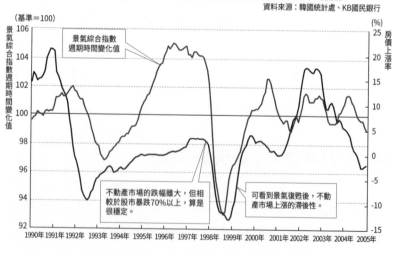

（基準＝100）

景氣綜合指數週期時間變化值

景氣綜合指數週期時間變化值

不動產市場的跌幅雖大，但相較於股市暴跌70%以上，算是很穩定。

可看到景氣復甦後，不動產市場上漲的滯後性。

房價上漲率

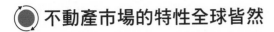

不動產市場的特性全球皆然

有趣的是，不動產的這種特性並不是只有韓國才有。

下圖是美國國家經濟研究局經濟學家針對1875年後全球16個已開發國家的股票與不動產的實質獲利率完成的圖表。

一眼就能看出，與股票相比，不動產的獲利率更具穩定性。舉例來說，股市最慘淡的時期是在第一次世界大戰與第二次世界大戰期間，即使是在戰時，從圖中可看到不動產的實質獲利率還是呈現正成長。

1875年至2010年全球房市與股市獲利率

資料來源：美國國家經濟研究局（2019年），"The Rate of Return on Everything"

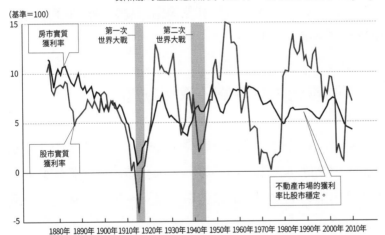

● 灰色部分標示分別是第一次世界大戰與第二次世界大戰。

● 依照不同國內生產毛額計算的加權平均值，十年變動平均獲利率。16個國家還包括澳洲、比利時、丹麥、芬蘭、法國、德國、義大利、日本、荷蘭、葡萄牙、西班牙、瑞典、瑞士、英國、美國。

順帶一提，股票的實質獲利率與不動產的實質獲利率都是7.0%[117]。這裡的實質獲利率是，名目獲利率扣除物價上漲率之後的數值。舉例來說，假設不動產的收入來自5%的租賃利潤和3%的價格上漲，而那年的物價上漲率為5%，則不動產的實質獲利率只有3%。

　　長期來說，雖然兩者的獲利率相近，但是不動產的波動性比股票來得低，因此是更具優勢的資產。

　　當然，不動產也不是永遠都比股票來得好，例如無論是1997年或2008年金融危機時期，「流動性」不及股票確實是不動產的弱點，即使是在恐慌中，股市還是能不受影響，可以正常交易，但不動產就無法做到這一點。因此，透過短期買賣從不動產市場賺取獲利的策略不見得總是能夠奏效，我們必須謹記這一點。

◉ 不動產的前景其實不算太灰暗

　　綜合上述探討，韓國不動產市場的未來似乎也不是那麼灰暗，因為除了史上空前的零利率時代登場外，韓國政府很可能祭出強力的擴張性財政政策。當然，不可能所有的不動產都能藉此上漲。

　　我認為，過去六年來主導房價上漲的韓國首都圈高價不動產市場，無法排除調整的可能性。因為無論政府把利率降

後疫情時代的經濟走向與投資策略

246

到多低，基本上市價15億韓元以上的公寓是禁止貸款的物件，所以完全無法享有低利率的好處[118]。

尤其是最近新冠肺炎疫情爆發，使得旅遊、住宿、零售批發、免稅店、飲食等部分內需產業受到巨大衝擊的危險性提高，這一點可能會對首都圈的高價不動產市場帶來負面影響。因為這些產業不僅在首都圈占有很大的比例，基於商務等因素需要緊急流通資金的情況下，「禁止貸款」措施會是很大的絆腳石。

一如最近部分輿論的報導，我們無法否認潛伏在市場上驚人的流動性，將會「低價購入」首都圈核心地區不動產的可能[119]。不過，以市場中的資金以股市暴跌為契機，大舉向股市移動的情況來說，想要主導不動產市場的上漲可能要比過去投入更久的時間。

118 《首爾經濟日報》，〈12.16 政策之後首爾超過 9 億公寓交易縮減 61%〉，2020 年 3 月 23 日。

119 《新聞 1》，〈現金隱富的機會？無畏新冠肺炎超高價公寓交易不斷〉，2020 年 4 月 3 日。

高科技產業的群聚現象與外部經濟

　　韓國的首爾-板橋園區，或是日本的東京-橫濱園區，高科技產業往這些特定的區域聚集的情形，在經濟學上時常以「外部經濟」（External Economies）的概念來解釋。但是，在說明外部經濟之前，必須先了解「規模經濟」效應。

　　規模經濟是指，企業擴大生產規模以增加經濟效益的現象。不過，即使是小型的個別企業，時常可以見到產業集中在同一個區域，達到縮小生產支出的情形。如果將規模經濟適用於非個別企業的產業，則稱為「外部經濟」[120]。

　　活躍於一世紀前的英國經濟學家阿爾弗雷德‧馬歇爾（Alfred Marshall），發現無法用有無天然支援來說明的地理性產業聚集現象。馬歇爾時代較有名的例子是，英國具代表性的重工業城市謝菲爾德（Sheffield）有刀具類製造業者聚集，以及北安普敦（Northampton）有免稅品企業聚集；現代則有集中於矽谷的半導體產業、集中於紐約的投資銀行業與好萊塢的娛樂業等，都是這樣的例子。

　　馬歇爾針對企業聚集在一起，比以個別企業的型態獨立存在更有效率，提出三個理由加以説明。

　　第一是為支援專業供應商而整合能力，第二是大規模勞動市場，第三則是產業的地理性集中促發的知識創造與擴散效應等，至今這個説法仍具説服力。此外，對不動產市場而言，高科技產業企業的群聚現象對特定區域的不動產價格勢必會有所影響。

首爾的住宅供給量是否充足？

最近關於首爾的住宅供給是否足夠的爭議十分激烈，根據近來首爾官方發布的報告，據說2020年以後住宅供給量應該足夠。

在此引用支持首爾官方主張的韓國《經濟日報》報導如下：

不動產114認為，今年首爾住宅入住量可達到42,012戶，但明年可能減半到21,739戶，這是以銷售量為基礎推估的數據。考量從開工到竣工為期兩年半至三年來說，估算預期值最高的年度是2021年。

不過，首爾官方的統計則是，2020年有41,000戶入住，隔年（2021年）有38,000戶搬入新家，與民間的統計數據差距甚大。更提出2022年以後到2025年為止，每年約50,000戶入住的數據，這是因為以住宅核准件數為基準推算竣工件數[121]。

爭議的重點在於住宅「核准」件數，只是核准數量能否有助於預測未來的住宅供應量？

　　下圖是不動產114總計的首爾住宅入住量（2020年之後為預測值）與韓國國土交通部總計的首爾住宅核准件數比較，一眼就能看出核准統計數據中很多是虛數。

　　舉例來説，2017年整年度首爾地區的住宅核准件數為11.3萬戶，可是大約過了三年後的現在，這些數量中有多少實際入住則是問號。因為2018年與2019年，首爾地區的公寓入住量分別只有2.8萬戶和3.7萬戶[122]。

首爾住宅入住量與核准件數之關係　　　　　　資料來源：不動產114、韓國國土交通部

　　再加上「核准」也不足以當成先行指標。例如，2011年首爾地區的住宅核准件數暴增，但2012年至

122　韓國《經濟日報》，〈首爾明年公寓入住量五年來創新低〉，2019年12月8日。

2014年之間公寓入住量卻是史上最低水準。

這是因為除了公寓外，還包括獨棟住宅、多戶型住宅的件數，所以數據上不太正確。不過，以2017年為基準，考量全韓國住宅1,712萬戶中，公寓1,038萬戶占了60.6%的事實，實在很難不感到惋惜[123]。首爾雖然也是全體住宅381萬戶中公寓占161萬戶（42.3%），比例較低，但住宅核准件數和公寓入住量之間的關聯性太低是不會改變的事實。

尤其是針對以首爾的住宅核准件數在2018年至2019年驟減情況，很難肯定2020年後住宅入住量會大增。

第 9 章

經濟會不會突然崩潰？

第7章至第8章的內容概要如下，在低物價、低利率環境長期化下，意謂股票與不動產市場的雙重受益。因為低利率有助於資金流向股票與不動產市場的可能性提高，企業績效得到改善的同時，能鞏固需求股票與不動產的基本盤。從這樣的角度來看，投資美國股票和韓國不動產是最有希望的，不過也不是完全沒有風險。

最重要的是，不能忽略企業負債的劇烈增加，會導致大規模損失的可能。此外，中國企業的不良風險等外部因素也可能帶來影響。因此，股票與不動產市場能否持續強勢，其實取決於風險。

本章將驗證終結資產市場拉鋸戰的潛在候補因素。首先，探討美國的公司債市場，尤其要從不良債券市場開始解析。

42 美國企業的負債劇增，將帶來什麼破產危機？

　　當一國政府無論如何都無法償還債務時，就像1980年代中期的玻利維亞一樣，中央銀行會購入政府發行的公債，於是公債陷入無力支付風險的可能性事實上幾乎為零[124]，但企業基於籌措資金而發行的公司債卻存在破產危機。因此一般而言，針對公司債，會依照各企業的信用等級設置高於公債的殖利率，也就是公司債殖利率。

　　直到2019年為止，美國的公司債殖利率不停下降，例如非投資等級的BB級公司債殖利率就降到2%以下。

　　以企業的立場而言這是好事。美國最大電動汽車公司特斯拉（Tesla），如果當初不是幸運能長期以低利率籌措資金，第一輛敞篷跑車Roadster誕生後，可能就無法順利量產後續的新車。不過，連財務結構不健全、競爭力相對薄弱的企業也都輕易發行債券後，公司債的違約危險提高是另一個事實。

---

124 也有例外，代表例子像是 2010 年的希臘和部分南歐國家，高所得國家同樣可能發生無法按時支付債券利息的情況。不過，南歐的財政危機是「歐元」債券問題，假使當時希臘是以本國貨幣德拉馬克來自由發行公債，財政危機就可能僅限於國內問題，但是 1999 年以歐元統一後，歐洲大部分的國家就失去以本國貨幣發行債券的自由，財政便暴露在危機中。

特別是2020年3月新冠肺炎爆發後，公司債殖利率暴漲這一點更加深這樣的疑慮。讓我們再深入研究一下這個問題。

　　首先，美國企業的公司債發行量暴增是不爭的事實。從下圖中也可看到，與美國企業（金融業除外）的名目國內生產毛額相比，發行規模超過27%，創下史上最高水準。最直接的原因是，低利率局勢的長期化。AAA級公司債殖利率在新冠肺炎前已經跌到2%以下，是1960年代初期以來的最低點。

　　就這一點而言，可說美國公司債市場出現「泡沫」跡象，只是美國企業之所以還是發行公司債，其實有各自的理由。

美國的公司債發行量與公司債殖利率曲線　　資料來源：聖路易斯聯邦儲備銀行

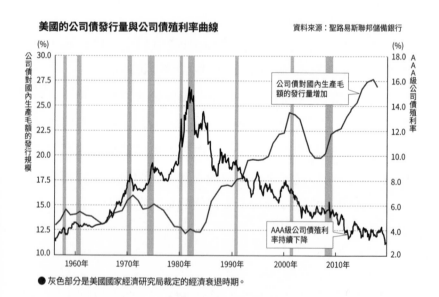

● 灰色部分是美國國家經濟研究局裁定的經濟衰退時期。

後疫情時代的經濟走向與投資策略

256

美國的公司債發行量為何增加？

　　2008年全球金融危機時，美國的各大金融機關蒙受極大傷害，無法通過壓力測試的各家銀行，最後只能在政府的資金紓困下大力重整結構（壓力測試是指，當極度經濟衰退發生時，銀行自行評估本身的能耐）。因此，各大銀行在2008年後對企業和一般家庭貸款都採取相當保守的態度。

　　從下圖中可看到美國銀行貸款部門的放款態度和企業（與商業）貸款的變化。這裡所指的放款態度，讀者可以理解為銀行總結貸款審核對象的調查時，如果貸款態度指數為正數，銀行將更嚴謹地審核貸款申請。

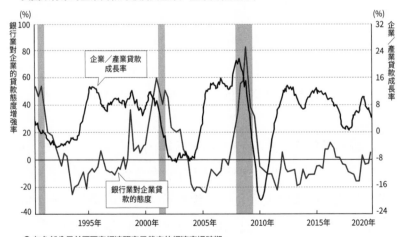

美國銀行業對企業貸款的態度與企業／產業貸款成長率　　資料來源：聖路易斯聯邦儲備銀行

● 灰色部分是美國國家經濟研究局裁定的經濟衰退時期。

實際上，在2008年全球金融危機前後，美國金融業更嚴格審核貸款申請，結果企業貸款核准率直到2012年為止都還無法擺脫負數。於是，企業開始繞過比過去更嚴謹的貸款審核，轉而提高公司債發行量。此外，厭倦低利率的金融市場參與者「相對」轉而投資高利率的美國公司債。因此，我們或許不該只想到美國企業的公司債發行量暴增的負面角度，也可以想想企業在籌措資金時多了另一種可能性。

　　尤其在發生像2008年全球金融危機的情況下，「追回貸款」會是最大的問題。一旦貸款無法延期償還，可能會造成各大企業破產，進而造成整體經濟傾向保全資產的心理。因此，美國企業增加公司債發行量的舉動，或許可以解讀為事先切斷「銀行危機」可能導致經濟陷入失控萎縮的危險。

　　到這裡，可能讀者會有這樣的疑問：

　　　「意思是說公司債暴增不會帶來任何經濟危機嗎？」

　　雖然美國企業的負債（相對於國內生產毛額）是史上規模最大，但是與2000年代中期的家庭負債問題相比卻有著極大落差，美國的家庭負債（相對於國內生產毛額）在2008年前十年期間從72%增加到74%，只增加2個百分點。

　　新冠肺炎爆發前，如果企業能少發行一些公司債、不

要採取積極型經營策略，可能情況就不會這麼糟糕。話雖如此，千萬不要期待企業展現「穩重」，如果企業不是寧可負債，也貸款投資，新冠肺炎前可能也不會有美國「失業率3.5%時代開始」（以美國的經濟規模來說，3%的失業率可視為充分就業狀態）；換句話說，適當的負債是經濟的活化劑，是視負債為罪惡的相反立場。

尤其不容忽視的是，聖路易斯聯邦儲備銀行透過全球141國銀行企業單位資料庫分析的結果指出，越能不費力籌措外部資金的國家，國民所得就越高[125]。

⟳ 肺炎疫情不會造成連鎖性倒閉的原因

接下來要探討的是，關於新冠肺炎的衝擊是否會導致企業連鎖性破產。在公司債殖利率暴漲的情況下，這種危險就極有可能化為「事實」，因為當公司債在市場上滯銷，而不能順利展期時，就可能招致這種致命的結果。

例如，某家庭購置10億韓元的房屋，假設這個家庭以三年為限，向A銀行貸款4億韓元。三年後，如果A銀行拒絕展期，這個家庭可能會面臨什麼處境？這不是容易處理的問題，最好的辦法是再向其他銀行貸款，但是其他銀行也可能會因為大環境不景氣而延誤放款，到了最後，或許當初購置

---

125 St. Louis Fed (2019), "Finance and Development: Evidence from Firm-Level Data".

的房屋就會淪落法拍的命運。

從這個例子中可以確認一件事，當企業賴以籌措資金的公司債市場一旦陷入困境，原本健全的企業也可能會破產。不過，這種危險化為「現實」的可能性並不高，因為除了美國聯準會在2020年3月23日開始破例採取購入公司債等措施外，全球主要已開發國家實行大規模刺激經濟政策更在預料之中。

當然，即便實行這樣的措施，也無法完全消弭企業的破產危機。一如開始就提到，國際油價暴跌後，如果很久都未能回復原有水準，能源企業的現金最終必定枯竭。因此在各個經濟領域中，新冠肺炎格外令人憂心的是，「企業負債」將造成最大的問題。

● V型景氣復甦

儘管如此，美國聯準會購入公司債，進而實行強力財政政策，負成長率似乎不太可能持續。順帶一提，最近發表經濟展望的主要投資銀行在2020年第2季創下負成長的紀錄後，預估可能會從下半年開始穩健復甦，回復原本的水準。舉例來說，全球第二大投資銀行摩根士丹利（Morgan Stanley）預估，美國經濟在2020年第2季創下–30%的負成

長率後，在第3季快速成長29%[126]。

我也認同這個展望，如果光從經濟成長率暴跌的角度而言，如此快速成長確實是史無前例，但我更期待2020年能創下經濟回歸Ｖ型復甦狀態的紀錄。

---

126 Zerohedge (2020.3.22), "Morgan Stanley Joins Goldman, JPM In Predicting A Depressionary Crash; Expects Q2 GDP To Plunge 30%".

　　歸納以上論點，可以把美國公司債發行量增加的問題，視為「有嫌疑但證據不足」造成經濟衰退的候補因素。接下來要探討第二候補因素，要先了解一下關於股市進一步崩潰的風險。

　　首先，確認一個事實。2020年3月新冠肺炎爆發前，美國股市暴漲的同時，本益比也一併提升是不爭的事實。1871年以來，美國股市歷史性本益比水準約為16倍，2019年底標準普爾500指數（S&P 500指數）的本益比則創下21倍的紀錄，從當時美國股市的歷史角度而言，這無疑是「高估」的局面。不過，第7章曾提到本益比受利率變化影響也是需要考量的部分。利率下降時，不但能減輕企業的利息負擔，投資人會轉向股市，使得本益比提高的可能性就會變大。

　　從下圖可看出，1871年後美國利率與股市本益比的關係。圖中右下方的迴歸線，代表美國公債殖利率每提高1%，美國股市的代表股價指數「標準普爾500指數」的本益比就會下滑0.5倍。

　　當然也有很多時期會無視利率的變化，代表性時期如1999年，當時市場利率隨著美國聯準會積極提高政策利率到7%，美國股市的本益比則在資通訊熱潮中甚至上升到26倍。

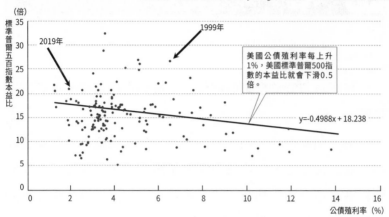

1871年後美國利率與股市本益比的關係

資料來源：傑里米・席格爾（Jeremy J. Siegel，2015年），2012年後資料來自彭博社

標準普爾五百指數本益比（倍）

2019年

1999年

美國公債殖利率每上升1%，美國標準普爾500指數的本益比就會下滑0.5倍。

y=-0.4988x + 18.238

公債殖利率（%）

從上述情況來看，很難說美國股市的「泡沫化」是受到新冠肺炎影響，尤其是最近的股價暴跌，導致企業的本益比在2020年3月底下跌到16倍，因此還必須考量低價的吸引力。

我認為若能符合兩個條件，美國股市即可避免後續再次暴跌的危險。

第一個條件是，如同前述提及，公司債殖利率的暴漲局勢要能恢復穩定。公司債殖利率暴漲時，不但會提高企業破產風險，還會造成利空，使得業績下滑，更是警示整體經濟「傾向安全資產心理」擴大化的重要訊號。

美國的威爾夏5000指數與垃圾債券（BB級）殖利率曲線 資料來源：聖路易斯聯邦儲備銀行

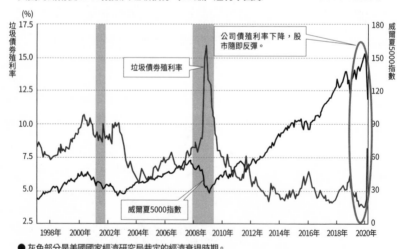

● 灰色部分是美國國家經濟研究局裁定的經濟衰退時期。

後疫情時代的經濟走向與投資策略

　　事實上，2008年美國聯準會大舉對金融機關紓困後，公司債殖利率暴跌促使股市暴跌的局勢隨即趨緩。

　　牽引股市反彈的第二個要件是擴張性財政政策，包括紐約在內受到新冠肺炎疫情波及的主要城市，實際上採取封城措施時，經濟成長率下滑的風險提高是不爭的事實。不過，政府當局適時干預能降低成長鈍化的危險，這時候市場參與者會開始期待「抄底」（Bottom Fishing）的時機，這種氛圍也會促使「低價購入」的良性循環登場，關於這個部分是必須觀察的地方。

美國股市反彈的注意事項

　　「恐慌的最後」當然並非總是以「趨勢上升的開始」作為結束（這個等式在2008年金融危機確實是成立的），原因在於，不但企業業績會受新冠肺炎衝擊而惡化，景氣好時被隱藏的陰暗面更有可能會浮上檯面。

　　代表性的例子是2001年九一一恐怖攻擊事件的危機，當時美國經濟因為強力的景氣刺激政策與戰爭，得以迅速復甦，但股市卻在2002年再度暴跌，因為在此時期，過去十年來股市拉鋸過程中隱藏的「假帳」被揭穿，當時安隆因為作假帳，發生史上最大規模的企業破產事件，這起事件更加深投資人的「不信任感」，質疑許多企業可能都在暗中進行類似勾當，不願意投資股市，從而導致股市暴跌。

尤其是2020年3月底，以「中國版星巴克（Starbucks）」聞名的瑞幸咖啡帳目造假的醜聞，再次喚起人們在2002年安隆事件受衝擊的不愉快回憶[127]。當然，與安隆相比，瑞幸咖啡只算是微不足道的事件。不過，過去十年間，美國股市的拉鋸戰中，有多少企業像瑞幸咖啡就無人得知了。當然希望事實不要像我們所想的，但是仍必須隨時關注這個部分。

　　以下引用投資專家巴菲特曾說過的一句話，非常符合最近的股市情況：

　　　「等泳池的水抽乾了，才看得到誰在裸泳。」[128]

127　Bloomberg (2020.4.3.), "Investors Wake Up and Smell the Luckin Coffee".
128　《中央Sunday》，〈等水退了，才看得到誰在裸泳〉，2017年3月12日。

45　打算逢低買進的投資人，值得關注的企業類型

　　我雖然認為在低利率環境下，股市是極具魅力投資工具的樂觀派，但並不認為在新冠肺炎影響下，所有股票的市場都能回歸正軌。

　　既然如此，哪一類企業值得優先投資？關於這個問題，我認為投資人可以關注一下具備四種經濟護城河（Moat）的企業。這裡的護城河是指圍繞城堡外圍作為防護的溝渠，即使遭遇敵軍包圍，有一道深而寬的溝渠，敵軍就無法輕易進攻。一家企業如果具備這種強而有力的競爭優勢（即護城河），不但能從容擺脫經濟衰退的影響，更可以遠遠拋開競爭對手。

◉ 品牌護城河企業

　　第一個要關注的競爭優勢是「品牌」[129]，沒有強力品牌足以成為競爭對手的企業，可以視為具備堅實護城河的企

129　Phil Town and Danielle Town (2018), *Invested: How Warren Buffett and Charlie Munger Taught Me to Master My Mind, My Emotions, and My Money (with a Little Help from My Dad)*, William Morrow.

業。當然，率先開創業界，進而成為代表該產業龍頭品牌的情況，也是品牌護城河的一種[130]。

究竟是哪一類企業擁有這樣的品牌護城河呢？我認為如同可口可樂（KO）或蘋果（AAPL），在某個產業與品牌等於同義詞的企業，就是擁有品牌護城河。

◉ 轉換成本護城河企業

我認為第二個與品牌護城河一樣重要的競爭優勢，是「轉換成本」。如果顧客要換成競爭產品（或服務）時很麻煩或費用高昂、過程繁複，不也代表這家企業具備強而有力的競爭優勢嗎？

我第一個想到的是微軟（Microsoft；MSFT）和 Adobe（Adbe）這些企業。順帶一提，這些企業的股價也因為受到新冠肺炎影響而一度暴跌，但是從開放市場轉變成網路市場的全球潮流中，極有可能擴大銷售機會。

---

130 公司名稱後面的英文字母是美國股市交易時使用的代碼（下單簡稱），在韓國股市指定某家公司時使用的是數字代碼，如三星電子的代碼是 005930，而美國蘋果的代碼則是 AAPL。在股市上市很久的企業都有由一或兩個英文字母組成的代碼；上市不久的企業代碼則較長，如阿里巴巴的代碼就是 BABA。

◉ 商業機密護城河企業

　　試圖逢低買進的投資人一定要關注的第三個護城河，就是「商業機密」，這是企業具有競爭對手難以模仿的核心機密，如專利、特有的生產技術等。

　　最具代表性的例子，便是擁有多數創新性新藥的全球化生物製藥公司，例如聯合健康集團（UnitedHealth Group Incorporated；UNH）和輝瑞藥廠（Pfizer；PFE）都屬於此類，而且同樣與微軟和Adobe一樣受到新冠肺炎影響而股價暴跌。

◉ 成本護城河企業

　　最後一個值得關注的護城河是價格，產品和服務比其他企業低廉且不斷提升品質的低價供應者，維持這種優點的企業即屬此類。最先讓人想到的企業是亞馬遜（AMZN）和好市多（Costco；COST），還有韓國的三星電子（005930）和現代汽車（005380）等企業，應該有部分也都具備這種護城河。

　　當然，絕對不是要大家只能找滿足這四個條件的企業來「逢低買進」，我知道每個投資人都有很多本身熟知的資訊優勢產業資訊，也有投資人較喜歡分得較多股利的企業。總之，希望讀者將我所說的四種「護城河」作為有利的參考資訊。

46 中國可能爆發債務危機嗎？

　　前面曾探討美國股市的高估與公司債問題等，在這裡可能有讀者會想到以下的問題：

　　「應該不只美國有潛在的危機因素，是否可能太過專注美國的問題？」

　　包括我在內，多數經濟學家都專注於分析美國經濟的原因有兩個。

　　最直接的原因雖然是 2000 年與 2008 年等全球經濟衰退源於美國股市和不動產市場暴跌，但是容易取得美國相關統計資訊這一點，不可否認為大量分析提供資料來源。

　　從這個層面來看，僅次於美國的第二大經濟體——中國，在經濟方面的資訊就非常缺乏 [131]，尤其是從 2008 年全球金融危機後，中國企業負債暴增，從最近中美貿易戰，可能會造成中國爆發「金融危機」疑慮的角度來說，對缺乏的相關資訊就顯得更迫切了。在這種情況下，替代方案便是國際清算銀行的資料庫。

---

131 《中央日報》，〈中國地方政府，關於統計操作的吐實原因何在？〉，2018 年 2 月 3 日。

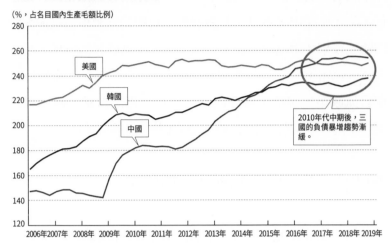

美國、中國及韓國的國家負債比例　　　　　資料來源：國際清算銀行

（%，占名目國內生產毛額比例）

上圖是美國、中國及韓國的名目國內生產毛額占非金融部門（政府＋民間＋企業）負債的比例。我們可以發現在2010年代中期後，三國的負債暴增趨勢漸緩，而且與最近公布的國際貨幣基金報告內容一致[132]。就像這樣，國際清算銀行的資料庫，記載一國的負債相對於名目國內生產毛額的多寡，是十分便利的管道。

只是當然也不能百分之百相信這些統計資料，如果中國提供的原始統計資料有半點造假，資料庫也就不足以信任，所以關於中國負債問題的分析必須考量會有一定難度。

想判斷一國的狀態，必須先弄清楚「脈絡」。2008年全

---

132 IMF (2019), "New Data on World Debt: A Dive into Country Numbers".

球金融危機發生前，中國的負債水準與已開發國家相比算是極低。除了金融市場本身不夠發達外，政府的強制規定是最大的問題。後來金融危機爆發，中國為了因應低成長的危機，投入高達人民幣4兆元，開始造成負債[133]。然而，多虧大舉實行刺激景氣政策，包括中國在內的全球經濟得以快速脫離經濟衰退。不過，中國經濟在這個過程裡卻出現兩個問題。

◉ 如何解決中國企業負債問題？

第一個問題是，企業顯得比以前更依賴補助金[134]。這裡指的補助金包括直接性資金，也包含可用低於市場平衡機制的低利率，取得近乎金額無上限貸款的特權。這些補助金是以不容我們忽視的規模形成，是需要留意的部分。

下頁圖的淺灰色曲線是中國國有企業負擔的貸款利率，1998年為5%，到了2008年前後下降到3%。順帶一提，如果把2008年中國名目經濟成長率17.8%列入考量，3%的貸款利率可說是很大的優惠。

舉例來說，假設房價所得比是固定的，房價會隨著所得增加而上漲。除非有特殊情況，否則人均所得隨著名目經濟成長率增加的可能性變高，原因在於，經濟成長就代表企業

133 韓國銀行，「中國領導機關，關於刺激景氣表明積極的態度」，2008 年 11 月 2 日。

134 NBER (2019), "Can a Tiger Change Its Stripes? Reform of Chinese State-Owned Enterprises in the Penumbra of the State".

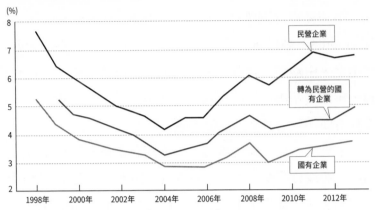

中國依企業類型劃分的貸款利率　　　　　　資料來源：美國國家經濟研究局（2019年）

銷售量增加，而且人力需求也相對增加，工資增加的可能性也會跟著提高。

　　在這種情況下，如果年所得增加17.8%，利率是3.0%，只要能取得貸款者必定都可大賺意外之財，因為承擔3%的利息貸款購屋後，除了房價上漲17.8%外，還能享受槓桿效果帶來的財富。由此可見，貸款利率低於人均所得增加（或名目經濟成長率）時，必定會出現強烈的「貸款需求」，在市場經濟中，利率可能會提高到17.8%左右。

　　中國利率是由政府制定，只有極少數的國有企業才能享有這個優惠，而享有優惠的企業可能就會為了得到最大的利益，即使不需要資金，也會盡最大努力爭取貸款。如此一來，經營上必定會有所鬆懈，因為這就像是趴在地上游泳一樣，可以輕鬆賺錢，沒有必要節省支出，為了開發創新性產

品而費盡力氣。

美國彼得森國際經濟研究所（Institute for International Economics）高級研究員尼古拉斯·拉迪（Nicholas Lardy）曾指出，中國國有企業獲利能力遠低於民營企業[135]；換句話說，雖然可藉由比民間更低的利率來無上限籌措資金，但在獲利方面卻完全看不到經營才能。

事實上，從下圖可看出，中國國有企業的銷售額與負債比率，並沒有明顯的改善。國有企業如果要提高人民幣10億元的銷售量，需要大約人民幣8億元的負債；而要達到同樣的銷售量，民營企業卻只需人民幣3億元的負債。中國國有企業依賴低利率貸款，疏於為改善獲利而努力，很可能造成

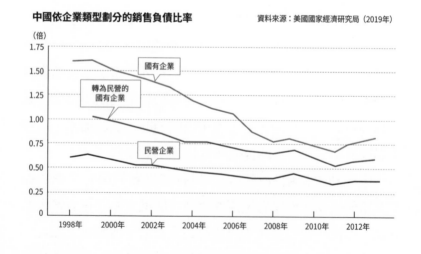

中國依企業類型劃分的銷售負債比率　　　資料來源：美國國家經濟研究局（2019年）

（倍）

國有企業

轉為民營的國有企業

民營企業

1.75　1.50　1.25　1.00　0.75　0.50　0.25　0

1998年　2000年　2002年　2004年　2006年　2008年　2010年　2012年

---

135 Nicholas Lardy (2019), "Markets Over Mao: The Rise of Private Business in China".

整體經濟「過度」負債的危險。

政府當局當然並沒有一開始就防範這個問題，在2014年開始採取因應負債問題的措施時，第一個措施便是大舉實行結構重整[136]。然而，對幕後金融體系大規模的強制管控，也反映出中國國有企業經營鬆散可能導致的危機[137]。

◉ 如何解決美國以對中關稅阻擾出口的問題？

不過，從中國政府當局的立場而言，卻發生出乎意料的事，就是「貿易戰」。從2008年開始積極採取的經濟刺激政策，大力推動補助金，促使景氣復甦，企業的競爭力（與外部局勢）得以改善，這些都是好事，只不過讓美國這個最大客戶有點不太滿意。從2018年開始，中美貿易戰越演越烈，川普總統當選雖然是原因之一，但是美國對中國快速成長滿懷戒心，也造成很大的影響。

舉例來說，2018年8月3日美國國會透過審查外國投資是否會危及國家安全的美國外國投資委員會（Committee on Foreign Investment in the United States, CFIUS），加強對美國境內的中國投資審查，管制美國企業的核心產品出口。此外，雖然尚未完全排除中興通訊、華為等中國企業參與美

---

136 韓國銀行，「中國經濟的槓桿作用現況與金融安定風險檢視」，2014 年 4 月 8 日。

137 韓國銀行，「中國經濟的槓桿作用現況與金融安定風險檢視」，2014 年 4 月 8 日。

國政府採購案，但是仍以國家安全為由，規定可選擇性限制[138]。換句話說，雖然最近主導對中國課徵收關稅的是川普總統，但可想而知背後必定有美國國會全力支持。連身為在野黨的民主黨也同意對中國經濟制裁的主因是，中國企業仗著有政府支持一些產業，成為極具威脅性的競爭對手。

一份美國貿易代表署（Office of the United States Trade Representative, USTR）從2017年8月開始進行的調查結果，報告內容完全支持這項觀察。根據這份報告的內容指出，中國藉由設立合作法人要求、外資企業投資規定及專利使用合約程

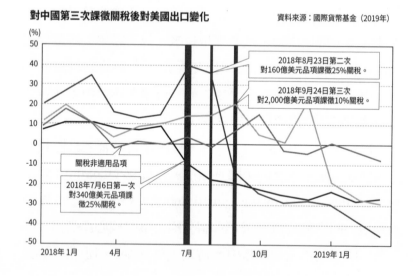

對中國第三次課徵關稅後對美國出口變化　　　資料來源：國際貨幣基金（2019年）

---

138 《中央日報》，〈美國議會「禁止中國參與環太平洋軍事演習，華為、中興通訊技術在美國境內限制交易」〉，2018年8月3日。

序等，強行要求美國技術轉移，例如制定電動車電池等主要技術的智慧財產權，歸合作法人所有的相關條件規定[139]。

話說回來，中國有那麼多其他的技術不要，為什麼要極盡所能地試圖掌握電動車的電池技術？原因在於，事實上中國汽車產業培育政策是失敗的[140]。

或許這是必然的。對於轉身之後隨時可能變成危險競爭對手的中國合作夥伴，不可能有海外合作公司會願意順從，乖乖把技術交到對方手上。局勢如此，中國當局除了看重可解決空氣汙染問題外，更基於次世代產業這個特性，決定將火力集中在尚未出現「絕對強者」的電動車領域。

這個策略很有意思，不過中國當局卻忘了電動車、無人機、5G 行動通訊系統等產業，也是美國極為重視的領域。

總結上述內容，可說中國在尚未解決企業負債問題的狀況下，又遭遇美國以對中關稅阻擾出口的雙重困境[141]。

139　韓國聯合通訊社，「關稅爆彈成禍根的中國『技術小偷』行徑剖析」，2018 年 3 月 23 日。

140　李弼商（音譯），〈亞洲投資的未來〉，未來資產退休研究所，215 至 217 頁，2018 年。

141　IMF (2019), "The Impact of US-China Trade Tensions".

　　「中國日後會怎麼樣？」應該沒有任何一個經濟學者能輕易回答這個問題，但是從現階段看來，短期內（一至兩年）不至於面臨重大危機，因為從2020年開始「一方面刺激內需景氣，另一方面推動不良國有企業的結構重整」的可能性極高。

　　之所以會認為這種政策有執行的可能，是因為中國目前似乎仍有餘力。

　　下圖是中國政府、企業及家庭的負債占國內生產毛額比

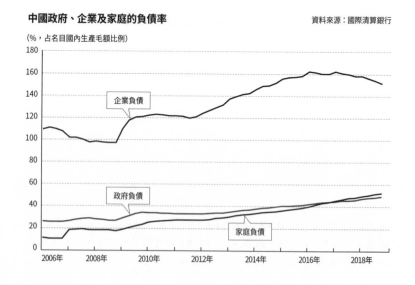

中國政府、企業及家庭的負債率　　　　　　　　資料來源：國際清算銀行

（%，占名目國內生產毛額比例）

後疫情時代的經濟走向與投資策略

中國的房價與可支配所得　　　　　　　　　資料來源：中國經濟資料庫（CEIC）

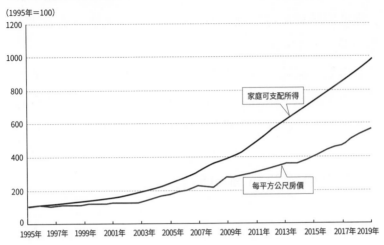

例。從圖中可看出，中國政府與民間部門的負債水準很低，也就是即使強行要求企業進行結構重整，景氣因而惡化的風險極低。結構重整的過程中，雖然有增加潛在失業者的風險，不過若能擴大家庭貸款，刺激不動產景氣，擴大多元財政支出以協助失業者，如此一來，應該不至於造成太大的問題。

未來中國不動產市場將如何發展？

　　部分言論認為，中國的不動產價格處於「泡沫化」水準，但其實與過去相比，反而是安定局面。

　　從家庭負債占名目國內生產毛額的比例來說，韓國已經超過100%，而中國不過只有大約50%的水準。進一步來

說，深圳或上海等沿海一線城市的不動產價格暴漲是事實，三線或四線城市等內陸地區主要城市的不動產價格，則仍比不上過去十年來的所得增加率。

當然，深圳等沿海大都市的房價確實高於所得水準。不過，以全國基準來看，人均所得的增加超過不動產價格的上漲速度等，可以說「全國性泡沫化」的危險降低了[142]。

◉ 未來中國股市將如何發展？

在新冠肺炎爆發下，中國經濟首當其衝，相對的或許可能會很幸運地得以最快復甦。尤其從市場參與者認為，中國政府的景氣刺激政策規模可能超過2009年投入的人民幣4兆元來看，中國成為新經濟危機震央的可能性並不高。

只是一如前面提過的美國股市事件，景氣時期隱藏的「見不得光的帳冊」可能被掀開的風險依然存在。股市和不動產市場，究竟哪一個才是最佳選擇？

每個觀測家提出的想法都不一樣，而我最擔心的還是隸屬地方政府管轄的金融機關和企業。隸屬中央政府的金融機關或企業，對國家整體體系有著決定性影響，所以中央政府可能會積極投資財政，好解決問題；但隸屬地方政府的金融機關和企業，不僅資訊不夠透明化，而且地方政府的因應能

---

142 NBER (2015), "Demystifying the Chinese Housing Boom".

力也受到制約，不難想像未來可能會面臨相當嚴重的問題。

　　基於這些判斷，我從2015年開始就持續提出關於中國股市相對保守的建議，因為人民幣貶值的危險尚未消弭（別忘了中國因為人民幣貶值而深陷貿易戰泥沼），加上財務審計與經濟指標長期處於極不透明化，中國金融市場的運作與全球金融市場大相逕庭，有許多很難觸及的地下層面。

長短期利率逆轉，
為何被視為經濟衰退的信號彈？

2018年美國長短期利差創下負成長，一時之間因而造成金融市場混亂。

一般來說，長期利率高於短期利率是正常的，因為放款十年比放款三個月無法收回款項的風險會高出許多。例如，三個月存款利率是1.5%，但是三年存款利率則是1.8%。

長短期利率逆轉是短期利率反而比長期利率高的異常現象，2018年長短期利率逆轉現象之所以會造成市場衝擊，正因為這是「最強力的景氣領先指標」。

下頁圖是美國長短期利差，短期利率反而比長期利率更高，也就是長短期利率出現逆轉現象後，出現經濟衰退的可能性提高了。

在這裡，可能有讀者會想到一個問題：

「長短期利率逆轉時，為什麼會出現經濟衰退？」

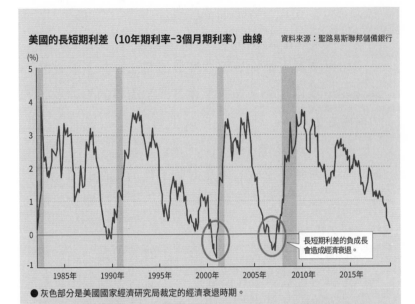

美國的長短期利差（10年期利率−3個月期利率）曲線　　資料來源：聖路易斯聯邦儲備銀行

長短期利差的負成長會造成經濟衰退。

● 灰色部分是美國國家經濟研究局裁定的經濟衰退時期。

長短期利率逆轉，為何會造成經濟衰退？

最直接的原因是，經濟活動參與者的預期產生變化[143]。

首先，要思考的是決定消費者支出的因素。影響消費者當前支出的最大因素，可能是目前的收入，不過對未來收入的展望也會是影響之一。假使多數人都抱持著「雖然現在的景氣不好，但是很快就會改善」

143　St. Louis Fed (2018.11.30.), "Does the Yield Curve Really Forecast Recession?".

的想法，會發生什麼情況？

　　如果多數人都抱持著這種樂觀想法，除了現在的消費支出會增加外，儲蓄率會下降，市場的長期利率也會隨之上升。

　　最終，長期利率反映人們對日後經濟成長的預期，而短期利率反映的則是對當下經濟條件的預期；換言之，長短期利率逆轉可解讀為「未來消費會比現在減緩」的訊號。

　　這樣的解讀雖然有趣，但是也有人認為，長短期利率逆轉可能會誘發經濟衰退[144]。銀行獲利取決於貸款和存款期間「到期日差」的影響，平均來說，銀行的貸款期間長，而存款期間則往往較短；換言之，銀行就是利用短期的負債（即存款）來操作長期貸款，從而獲取利益。

　　因此，在貸款利率（長期利率）比存款利率（短期利率）更高的情況下，銀行就能賺取更多的利潤；但是如果短期利率反而比長期利率上升得更快，由於保管存款必須支付更多利息，利潤就會減少，特別是當長短期利差逆轉，短期利率反而比長期利率高的情

144　St. Louis Fed (2018.12.27.), "Can an Inverted Yield Curve Cause a Recession?".

後疫情時代的經濟走向與投資策略

284

況下，銀行的獲利就會急劇惡化，而且會想盡辦法因
應這樣的環境變化。

　　從下圖可看出美國的長短期利差與銀行貸款審查
「嚴謹」與否，灰色部分則是美國國家經濟研究局裁
定的經濟衰退時期。

　　透過圖形可了解，每當長短期利率逆轉時，銀行
審核貸款就會更嚴謹，進而造成景氣萎靡的情況。

　　順帶一提，這裡指的貸款審核是否嚴謹，是根據
統計美國聯準會以銀行貸款審核負責人為對象進行的
問卷應答內容。從回答「貸款要求嚴謹」的負責人比

美國的長短期利差與銀行貸款審核態度　　　　　　資料來源：聖路易斯聯邦儲備銀行

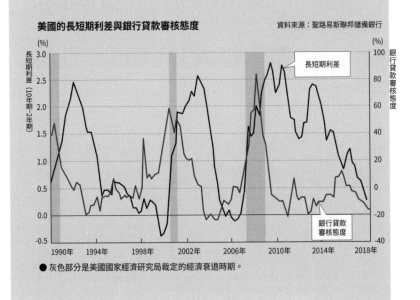

●灰色部分是美國國家經濟研究局裁定的經濟衰退時期。

例減去回答「貸款要求放寬」的負責人比例後，就能作為判斷貸款審核嚴謹與否的準則。換言之，圖中代表銀行貸款態度的灰色曲線轉為正值並上揚，意謂貸款態度越來越嚴謹。

　　銀行貸款審核變得嚴謹，將會直接影響經濟，企業或個人很難取得貸款，而且一旦開始凍結貸款，經濟活力就會降低。無法取得貸款時，企業可能必須放棄新投資項目；家庭無法取得貸款，可能就必須放棄購買更大房屋搬家的計畫，最後這些問題將導致經濟成長趨緩。

　　從上述分析看來，長短期利率逆轉確實是很好的景氣預測指標。

第10章

不同需求下的資產配置
策略

回顧第1章到第9章的內容，以結論來說，低物價、低利率的情況可能還會持續，並且將為資產市場的局勢帶來嶄新變化。因為不僅低物價、低利率結構會繼續，韓國等主要國家的政府極可能會積極展開擴張性財政政策。因此，投資人必須跟上環境的變化，適當地規劃資產配置策略。

　　本章將與各位分享三種投資組合策略，我之所以會提出各種方案有兩個理由。

　　首先，在低利率環境下，即便已經有房產的投資人同樣需要透過投資，做出適當的資產配置，以便規劃老後生活，因此我要為各位介紹適合的資產配置策略。另外，還沒有房產的人也可以藉由選擇適合自己的資產配置策略，準備投資所需的基金。如此一來，每個人都會需要符合本身立場的各種資產配置策略。

　　接下來將介紹個人也能輕鬆駕馭的資產配置策略，就是評估全球三大年金（挪威政府全球退休主權基金、韓國國民年金基金、日本政府養老金投資基金）的投資組合。

48 追求長期投資的年輕投資人

◉ 成為富裕國家的三種方法

世上所有國家都變成富裕國家的那一天也許會來臨，只是目前全球貧富差距仍令人憂心。任何一國都很努力地想成為富裕國家，可惜能成為富裕國家的方法只有三個。

第一，可以學習美國或英國不斷提高生產力來變得富有，韓國、日本及德國等都屬於此類。這些國家擁有世界上數一數二的專利，總是不斷投資，努力甩開其他追擊者，尤其是韓國致力於教育領域的投資，而美國則是透過努力培育傑出人才，好不斷地主導創新變革。

第二，鄰近富裕國家。具代表性的例子是幾個歐洲國家，這些國家雖然沒有能力主導創新產業，但是都維持基本人均國民所得2萬美元以上，而它們能富裕的原因正是「地理條件」，通常是因為富裕的鄰居來度假，或是鄰近富裕國家，人工相對低廉，富裕國家投資，因而致富。

最後一個方法則是所謂的「富礦」，像阿拉伯國家卡達或中東國家汶萊一樣，地底蘊藏豐富的天然氣和貴金屬，無疑必定是富裕國家。不過，這種國家雖然富有，卻也往往付

出「荷蘭病」（Dutch Disease）的慘痛代價。荷蘭病是指在1950年代後期，北海出現大量油田（及天然氣），荷蘭經濟因為大力發展天然能源產業，導致部分產業喪失競爭力的現象，這是獲得超出負荷能力的意外橫財後，國家經濟反而一再出現陷入長期蕭條的情況。

不過，有一個國家即使發現富礦卻並未用來圖利，反而繼續保存，甚至用心維護，它就是世上最富有的國家——挪威[145]。挪威因為開發北海油田獲得龐大財富，但卻全數用於投資海外事業，而不是把錢花在自己的國家。

> 日後被稱為埃科菲斯克（Ekofisk）的這塊油田，從1971年開始產油，至今生產的石油相當於6.5億基準立方公尺（Standard Cubic Meter, SCM）的原油。……發現這塊油田三十五年時，其價值估計約為1,500億歐元，相當於挪威國民人均37,000歐元的數值[146]。

挪威可以把這筆龐大的資金分配給人民，也可以讓政治家用來進行大型專案，但卻沒有這麼做，而是決定為國家的未來儲蓄，將販售原油的收入直接投資海外，一方面讓挪威克朗

---

145 根據中央情報局（Central Intelligence Agency, CIA）的說法，世上最富裕國家是中歐的一個內陸國家，名為列支敦斯登，其次則是盧森堡。不過，這些國家大部分都是小型的城市國家或有錢人的避稅天堂。事實上，只有挪威才稱得上是世上最富裕的國家。

146 Clemens Bomsdorf (2018), *So werden Sie reich wie Norwegen: Genial einfach ein Vermögen aufbauen*, Campus Verlag.

兌換美元等主要貨幣時不會升值，同時儲備以因應日後油田枯竭的狀況。

諾貝爾經濟學獎得主約瑟夫‧史迪格里茲（Joseph Stiglitz）教授曾提到：「將天然氣以造福各個世代的方式投資，提出賢明對策的挪威當然應該受到世人讚揚。」大加稱讚挪威[147]。

這是何等睿智的舉動啊！話說回來，挪威又是如何運用這些資金？

挪威如何管理龐大的石油基金？

挪威政府全球退休主權基金基本上是股票比例占60%以上，甚至即使在面臨2008年全球金融危機時，依然堅持這個原則。

> 2007年再次出現驚人發展，挪威政府決定將股票比例提高到60%。股票比例大幅提高的時期是從2008年開始，這一年股市暴跌，正是適合檢視與股票相關機會和危機的時刻。……
>
> 即使在全球金融危機時，挪威也沒有放棄60%股票的目標比例，當其他投資人都在拋售股票時，反而持

---

147 Clemens Bomsdorf (2018), *So werden Sie reich wie Norwegen: Genial einfach ein Vermögen aufbauen*, Campus Verlag.

續買進。股價跌到谷底，……而暴跌局勢一直持續到2009年初。……在2009年底，更將原本2008年底持有49.6%的股票比例提高到62.4%。從結果來說，政府全球退休主權基金在2008年損失慘重，但是2009年的龐大獲利在彌補虧損之餘，還綽綽有餘[148]。

挪威採取上述做法實行一致策略，操作政府全球退休主權基金的結果，從1998年以來，創下年均6.4%的驚人成果。尤其是有別於股票市場時漲時跌的獲利率，挪威政府全球退休主權基金的獲利率則顯得相對穩定。最具代表性的例子是在2000年網路泡沫化，德國股價指數下跌7.5%，挪威政府全球退休主權基金的獲利率反而達到2.5%。

● 驚人成果是如何達到的？

挪威政府全球退休主權基金的驚人成果，來自於股票和債券的適當分散投資。像是在2000年股市衰退的情況下，從債券投資彌補虧損，而在市場利率上升時，則是從股市彌補債券投資的虧損，達到穩定的成果。

挪威政府全球退休主權基金的成功神話，為韓國的20、30世代提供十分有用的投資資訊。因為挪威採取的

148 Clemens Bomsdorf (2018), *So werden Sie reich wie Norwegen: Genial einfach ein Vermögen aufbauen*, Campus Verlag.

挪威政府全球退休主權基金的運用規模與資產配置曲線

資料來源：挪威政府全球退休主權基金年度報告

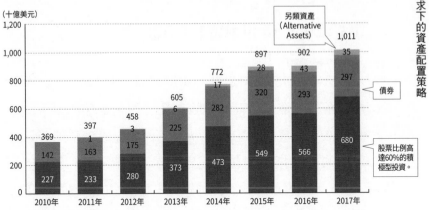

方式證明了，不只是韓國股市，更可透過積極投資（約70%）全球股市，並將其餘資金放在債券上，進行適當分散投資，獲得理想投資報酬。

這種策略對50、60世代來說可能會有壓力，因為除了股票投資比例較高外，還有像是2008年或2020年全球股市萎靡不振時，可能會面臨重大虧損的風險。因此，這種策略較適合對未來資產市場抱持樂觀看法，或是不受投資期間影響的20、30世代。

獻給20、30世代的投資組合

　　思考該如何讓投資人運用挪威政府全球退休主權基金的投資組合時，經過一番苦思，我完成以下這個表格。投資構想主要是利用任何人在股市都能輕鬆入手的股票指數型基金（Exchange Traded Funds, ETF），炮製挪威政府全球退休主權基金的資產配置策略，以獲得相同的投資效果，並且推薦幾支值得參考的ETF商品。

挪威政府全球退休主權基金投資組合vs.被動式投資組合

挪威政府全球退休主權基金		適合韓國人的被動式投資組合		
類型	比例*	類型	比例	被動型ETF
股票	62%	已開發國家股票	31%	KODEX已開發國家MSCI World
		新興國家股票	31%	ARIRANG新興國家MSCI（合成H）
債券	36%	已開發國家債券	18%	TIGER美國債期貨（10年期）
		新興國家債券	18%	KOSEF 10年期公債
另類資產	2%	原物料（黃金）	2%	KODEX黃金期貨（H）

● 被動式投資組合是挪威政府全球退休主權基金於2010年至2017年分配比例的平均值。

想嘗試挪威政府全球退休主權基金投資組合的人，只要在韓國股市依照推薦ETF的比例購買即可。

運用ETF投資學習挪威政府全球退休主權基金

　　上頁表格左側是挪威政府全球退休主權基金的投資組合，從表格中可看出，這支基金有62%是股票資產、36%投資債券，其餘的2%則是投資另類資產。

　　我是把占62%比例的股票部分，分成已開發國家和新興國家各占一半，已開發國家股票ETF選擇「KODEX已開發國家MSCI World」、新興國家股票ETF則選擇「ARIRANG新興國家MSCI（合成H）」，組成各占金融資產31%的方式來完成投資組合。也就是假設用1億韓元來操作這個投資組合，會將6,200萬韓元當作整體股票的投資資金，其中3,100萬韓元購入「KODEX已開發國家MSCI World」操作已開發國家股票，其餘3,100萬韓元則用於購入「ARIRANG新興國家MSCI（合成H）」，將一半資金用於投資新興國家股票。

　　以36%金融資產投資的債券部分，則是已開發國家債券與新興國家債券比例各占18%。投資已開發國家債券的ETF，我會推薦「TIGER美國債券期貨（10年期）」，新興國家債券則推薦投資韓國公債的「KOSEF 10年期公債」ETF。

　　挪威政府全球退休主權基金是將2%的資金，分別

投資石油、黃金、農產品、其他原物料等另類資產，可惜韓國的股票市場上，投資另類資產的ETF很少，因此我才會想要設計這個投資黃金（黃金期貨）的投資組合，並在相關ETF部分則推薦「KODEX黃金期貨（H）」。這樣的分配方式在整個規劃上不會有太大的問題。

如果是在2010年至2019年運用前面介紹的投資組合策略投資，每年應該都能獲利6.4%。以2019年存款利率為1.5%至2.5%算很高的角度來說，這樣的獲利可說是比銀行定存多出約3至4倍的收益。即使把時間拉長到2001年至2019年，採用這個方法，每年平均仍可獲利4.8%[149]。

2001年以來挪威政府全球退休主權基金被動式投資組合與相關ETF的績效

(2001年1月=100)

- KODEX黃金期貨（H）
- KOSEF 10年期公債
- 投資組合
- TIGER美國債券期貨（10年期）
- KODEX已開發國家MSCI World
- ARIRANG新興國家MSCI（合成H）

---

149 這是年平均報酬率，以年複合成長率（Compound Annual Growth Rate, CAGR）為基準來計算則是 4.4%。

後疫情時代的經濟走向與投資策略

　　挪威政府全球退休主權基金的被動式投資組合，雖然具備簡明又高獲利率的優點，但還是有一個缺點，就是變動性極大，尤其是與之前的高點相比，最大跌幅（Max Drawdown, MDD）高達23%；換句話說，在最壞的情況下，可能獲利率會突然減少23%。

　　會發生這種問題，主要是因為這種策略中投資股票比例高的緣故。股票比例較高的情況下，需要配置另類資產以抵銷可能的風險，而挪威政府全球退休主權基金在操作上為了減少投資時的各項費用（手續費與交易費等），因此集中在股票和債券等這類低費用的商品，因此與之前高點相比，潛藏著跌幅較大的問題。

　　要如何解決這個問題？

挪威政府全球退休主權基金被動式投資組合的報酬率與風險

2001. 1~ 2019. 12	KODEX已開發國家MSCI World	ARIRANG新興國家MSCI（合成H）	TIGER美國債券期貨（10年期）	KOSEF 10 年期公債	KODEX黃金期貨（H）	投資組合
期間報酬率	62%	41%	75%	111%	235%	82%
年報酬率（ret）	3%	2%	4%	6%	13%	4.4%
年波動性（std）	13%	16%	13%	7%	21%	7.3%
最大跌幅	43%	55%	27%	10%	42%	23%

與之前的高點相比，最大跌幅較大。

如何解決最大跌幅問題？——再平衡策略

　　如果要解決最大跌幅問題，調整股票和債券的投資比例是方法之一，但應該優先進行的是進行再平衡（Rebalancing）。簡單來說，再平衡就是將股票和債券等核心資產的配置保持一定比例，也就是重新調整資產配置比例。

　　舉例來說，A先生以50比50的比例投資股票和債券，2020年3月初股市暴跌下，投資比例可能會換成40比60。因為股價暴跌的同時，債券價格反而會飆漲（當股市暴跌，政策利率下降時，現行利率較高時期發行的債券價格就會飆漲），這時候賣出資產中10%債券的資金拿來購買10%的股票，將資產比例調整為50比50，像這樣重新配置資產的方式就是再平衡。

　　再平衡之後，大致上也能改善獲利率，因為賣出價格大漲的資產，購入價格大跌的資產，等於進行一次「逆向投資」。

逆向投資的注意事項

　　只有在投資價格逆向變化的資產時，才會出現再平衡的效果。好比說，假設以50比50的比例投資韓

國股票與美國股票，投資人就無法運用再平衡這樣的做法，因為2020年3月初美國和韓國股票雙雙暴跌超過30%，所以投資人無法堅守「賣出價格大漲的資產，買進貶值資產」的準則。

再平衡策略的效果如何？

下圖是1871年後以50比50投資美國股票與債券的成果，主要是比較股票與債券，進行整合後繼續持有的情況〔買進並持有（Buy and Hold）策略〕，以及將股票和債券以50比50的比例持有（再平衡策略）情況下，比較獲利的成果。

1871年將100美元以50比50比例分散在股票／債券投資的成果

資料來源：席格爾教授網頁、聖路易斯聯邦儲備銀行

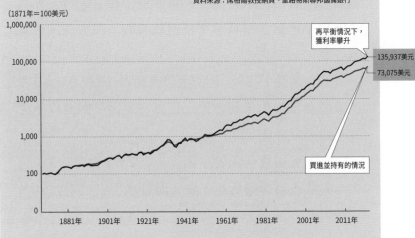

（1871年＝100美元）

再平衡情況下，獲利率攀升

135,937美元

73,075美元

買進並持有的情況

如果1871年沒有把100美元分成各50美元，分別投資股票和債券上進行調整，現在的價值可能就只有73,000美元左右，但是如果把資產經過重新整合的再平衡方式持續投資，資產就可能變成136,000美元，幾乎是2倍的獲利。順帶一提，我們正在參考的挪威政府全球退休主權基金，也經過再平衡方式，因此即使處於2008年全球金融危機那樣極端的危險狀況下，還能持續買進股票，讓股票比例維持在目標水準。

當再平衡策略的效果消失時

　　當然，恰如其分地操作再平衡策略是相當不容易的，因為賣出增值的資產後，用換得的錢購買進貶值資產，與想避開危險的「人類本能」相互違背。尤其是當再平衡做法沒有發揮任何效果時，就會加深恐慌的心理。

　　下頁圖是1929年經濟大蕭條前後，以50比50買進股票與債券的策略效果，可以發現再平衡策略的表現不如繼續持有策略。

　　會出現這種現象的主因是，1929年至1933年為止，美國股市連續五年下跌，而且過程中造成近90%

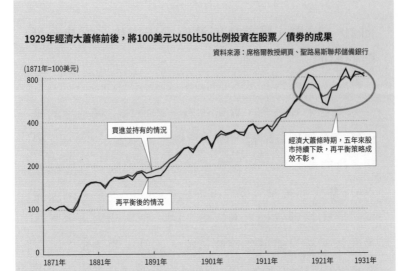

1929年經濟大蕭條前後，將100美元以50比50比例投資在股票／債券的成果

資料來源：席格爾教授網頁、聖路易斯聯邦儲備銀行

的虧損，也就是即便拋出上漲的債券換成股票，還是只能在持續的「熊市」中繼續虧損。雖然這種情況在資本主義的歷史上並不常見，但是哪怕只發生一次，就可能會造成再平衡策略失效。

因此，每次發生像2008年全球金融危機時，就很容易聽見許多人說起再平衡無用論。當然，這些都是個人的選擇，不過希望各位都能記住一件事，就是像挪威政府全球退休主權基金和韓國國民年金基金這種全球化年金，都徹底實行再平衡策略。

向20、30世代推薦挪威政府全球退休主權基金策略的原因

整合上述內容，挪威政府全球退休主權基金的操作策略不但極為積極，還要承擔相當風險，或許2020年3月挪威政府全球退休主權基金就已經蒙受等同於2008年全球金融危機程度的巨大損失。不過，對於深信「股市長期呈現上漲趨勢」的投資人而言，這應該是非常明確又值得信賴的策略。因此，我才會向還有很多時間可以投資的20、30世代推薦這個策略。

49 想同時掌握獲利性和穩定性的投資人

　　如同前述提及，挪威政府全球退休主權基金僅以「股票／債券」這樣相當單純的資產配置，不但能免於全球金融危機等衝擊下最大跌幅的威脅，還能得到高獲利。不過，可能也有投資人會這麼想：

　　　　「有沒有什麼方法可以保有挪威政府全球退休主權基金的獲利，又能避開投資風險？」

　　這種苦惱的解決方案，就是韓國國民年金基金策略。

● 韓國國民年金基金能同時掌握獲利性和穩定性的原因

　　2019年韓國國民年金基金在超低利率環境中，仍創下11%的獲利成果。此外，2008年全球金融危機中也只損失0.2%，展現出對抗經濟衰退的強大面向[150]。

　　接下來就準備直搗黃龍，揭開韓國國民年金基金資產配

---

150 韓國銀行，「國民年金，2019年11月底獲利率9.72%，國內、外股市的強勢影響」，2020年5月31日。

置策略的祕密，韓國國民年金基金能創下如此驚人成果，祕
密就在於資產投資組合。

　　以2017年底為例，韓國國民年金基金在海外股票和海
外債券部分，各以108兆韓元（17.4%）與23兆韓元（3.7%）
進行海外投資。如果包括海外另類資產投資等，可說整體資
產有三分之一以上投資海外資產[151]，也就是韓國國民年金
基金在海外資產上的投資比例偏高。另外，近一半的資產
（50.3%）用於投資債券，以確保穩定的獲利率。

2013年以來韓國國民年金基金的運作規模與資產　　資料來源：韓國國民年金基金運用本部

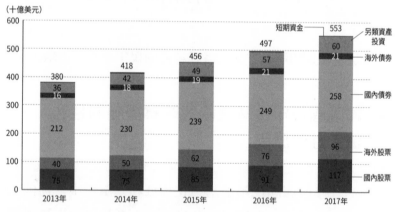

（十億美元）

---

151 《每日經濟》，〈國民年金，海外資產比重增加到50%〉，2019年5月31日。

◉ 韓國國民年金基金將三分之一資產投資海外的原因

再稍微補充說明的是，與其完全不做海外投資，不如把一部分資產放在海外，會更有助於加強獲利穩定。因為韓國經濟是出口比例高，只要遇到金融市場衰退時，就會出現匯率上漲的情形，會出現這種現象是因為決定匯率方向的「力量」在海外。

從投資韓國股市的外國立場來說，當出口暢旺，值得期待實質展望時，就有充分理由買進股票。這時候用美元兌韓元，韓元匯率下跌，有了外國投資人的買氣加入，股市就會上漲；但是當出口不振，企業業績衰退時，股價就會下跌，匯率就會上升。將上述關係活用在投資的方法，就是韓國國民年金基金的資產配置策略。

韓國國民年金基金是將超過三分之一的整體資產投資海外，所以遇到國內經濟出狀況時，即可享有匯率上升帶來的匯兌利益；相反地，韓國經濟條件好時，韓國股市就會上漲，進而改善獲利。在2020年3月發生的暴跌事件中，韓國國民年金基金大規模買進就是基於「再平衡」的目的，這個做法之所以可行，是因為持有美元等已開發國家的大量資產，而帶來豐厚的利潤。

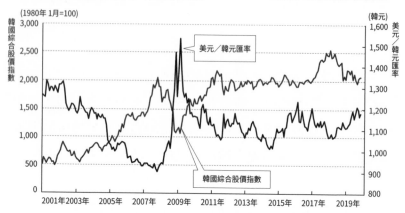

韓國綜合股價指數與美元／韓元匯率曲線　　　　　　

　　因此，想要同時掌握穩定性與獲利性這兩隻小白兔的投資人，不妨試試韓國國民年金基金的資產配置策略，這個策略特別適合認為 2020 年至 2021 年資產市場未來不夠明朗化的投資人。

更　進　一　步

一次掌握獲利性與穩定性的投資組合

接下來將了解任何人都能輕鬆上手、利用韓國股票市場上市的ETF，跟著韓國國民年金基金的資產配置策略投資方法，其實並不困難。

下表中可看到左側韓國國民年金基金的資產配置比例，國內股票占19.1%、海外股票占13.8%、國內債券占52.0%及海外債券占4.2%，也就是股票與債券的比例高達89%，其中債券比例為56.2%，相對較高，相較之下，股票比例為32.9%，相對較低，而原物料等另類資產投資則占10.5%。

韓國國民年金基金資產配置vs.被動式投資組合

韓國國民年金基金		適合韓國人的被動式投資組合		
類別	分配比例*	類別	比例	推薦ETF
國內股票	19.1%	韓國股票	19.1%	TIGER 200
海外股票	13.8%	海外股票	13.8%	KODEX已開發國家MSCI World
國內債券	52.0%	國內債券	52.0%	KOSEF 10年期公債
海外債券	4.2%	海外債券	4.2%	TIGER美國債券期貨（10年期）
另類資產	10.5%	原物料（黃金）	10.5%	KODEX黃金期貨（H）
短期資金	0.5%	短期資金	0.5%	KODEX短期債券

> 想嘗試韓國國民年金基金投資組合的人，只要依照推薦ETF的比例購買即可。

● 此處的分配比例是韓國國民年金基金於 2013 年至 2017 年分配比例的平均值。

簡單來說，韓國國民年金基金在債券部分投資56.2%，確保穩定性，股票與另類投資部分則占43.4%，確保獲利率。同時，透過投資28.5%的海外股票與海外債券、另類資產等，以便因應韓國經濟特性上可能的匯率變動，這就是韓國國民年金基金取得驚人績效的祕密。

利用ETF跟著韓國國民年金基金依樣畫胡蘆

　　接下來，要看的是一般人能跟著韓國國民年金基金出色投資組合來投資的方法，被動追蹤韓國股票的ETF，在此推薦「TIGER 200」，按照韓國國民年金基金的投資組合，只要在這支ETF上投入大約19%的資金即可，海外股票挑選「KODEX已開發國家MSCI World」ETF；國內債券挑選「KOSEF 10年期公債」ETF；海外債券挑選「TIGER美國債券期貨（10年期）」ETF，依照韓國國民年金基金的比例投資即可；而另類資產投資則可選擇投資黃金的「KODEX黃金期貨（H）」ETF。

　　假使按照韓國國民年金基金的資產配置策略，於2010年至2019年進行投資，年平均報酬率至少會增加7.2%。假設銀行存款利率是1.5%，等於增加近5倍的報酬率，如果把時間再往前拉到2001年至2019

年，年平均報酬率則達到9.0%，只能說這樣的投資組合績效實在太好了[152]。

韓國國民年金基金投資組合的其他優缺點

如果只看獲利率，韓國國民年金基金似乎比挪威政府全球退休主權基金還要出色。不過問題在於，未來債券殖利率也可能面臨難以上升的情況，如果債券投資比例和韓國國民年金基金一樣高，雖然在債券殖利率暴跌時還有可能獲利，但是未來如果債券殖利率低於1%的情況下，獲利率就有可能持續下跌。

2001年以來韓國國民年金基金被動式投資組合與相關ETF的績效

---

152 這是年平均報酬率的平均值，以年複合成長率為基準來計算則是8.9%。

韓國國民年金基金的這種策略當然也有很多優點，最重要的是，獲利率穩定，最大跌幅只有10%左右，是非常吸引人的地方。因此，韓國國民年金基金的資產配置策略適合追求適度風險的投資人，尤其是萬一抑制通貨緊縮失敗，利率下跌到零，還是能充分保有獲利，也是優點之一。

韓國國民年金基金被動式投資組合的獲利與風險

2001.1~2019.12	TIGER 200	KODEX已開發國家MSCI World	KOSEF 10年期公債	TIGER美國債券期貨（10年期）	KODEX黃金期貨	KOSEF短期基金	投資組合
期間報酬率	165%	62%	111%	75%	235%	62%	161%
年報酬率	9%	3%	6%	4%	13%	3%	8.9%
年波動性	20%	13%	7%	13%	21%	0%	6.1%
最大跌幅	46%	43%	10%	27%	42%	0%	10%

最大跌幅僅10%，獲利率穩定。

50 擔心通貨緊縮的投資人

我選擇韓國國民年金的資產配置策略，以結果來說，除了像 2018 年那次外，每十年大概會輪到一次的「理財瓶頸時期」，不過大致上獲利都很穩定[153]。但是，最近在為上流階層顧客提供理財諮詢時發現，比我想像中還多的投資人對未來抱持負面看法。

對市場抱持負面看法的投資人，基本觀點如下：韓國的出口競爭力正在慢慢衰退，通貨緊縮的危機越來越明顯，很可能也會像日本一樣面臨「螺旋式的惡性循環」。

事實上，有這種想法的人也不是完全毫無依據，因為韓國經濟成長彈性疲乏，2019 年物價上漲率只有 0.4%，通貨緊縮危機抬頭是不爭的事實。

◉ 悲觀看待未來的投資人該怎麼選擇？

如果是對未來抱持悲觀看法的保守型投資人，不妨參考已經歷二十多年通貨緊縮的日本政府養老金投資基金資產配置策略。以 2017 年為例，日本政府養老金投資基金是具備 1

---

153 《韓國經濟新聞》，〈2018 年，一百一十八年來「理財最糟的一年」〉，2018 年 11 月 26 日。

兆3,910億美元可運用資產的全球最大年金基金，2010年後創下年平均報酬率5.3%的成果。

如果要用一句話簡單說明日本政府養老金投資基金資產配置策略，就是一種「集中於債券的投資」策略。直到2013年為止，整體資產的63%投資於債券，實行安倍經濟學以後，雖然債券投資比例降到42%，卻仍坐穩全球最保守操作年金基金的寶座。

特別是在2018年創下報酬率−7.5%，因為「股票比例擴大」而付出慘痛代價後，不排除會像之前一樣，重新回復以債券為主的操作策略。

2010年以來日本政府養老金投資基金的運用規模與資產

資料來源：日本政府養老金投資基金年度報告

◉ 為何值得保守型投資人關注？

值得悲觀看待未來的投資人關注的主因在於，假使到了最後，真的淪落到通貨緊縮與低成長局面，債券投資的成果也會有好的一面。接下來將詳加說明，以利讀者理解。

假設有一個債券是每年支付兩次利息，三十年屆滿就償還本金（即30年期公債），但是如果經濟上哪怕只是發生輕微的通貨膨脹，三十年後本金的實質價值就可能大跌，因此該債券的價值實際上取決於利息的支付，本金償還發揮不了太大的影響。

現在以100年期債券為例，如此一來，考量通貨膨脹率，償還本金現值連1%都不到，之所以會這樣提出長期債券的例子，是因為無須在意本金價值，很容易就能計算出債券價值，這是債券的優點。

舉例來說，假設有一個每年能拿到100美元利息的長期債券，以現在市場利率5%計算，該債券的價值就是2,000美元（債券價值＝年息／市場利率＝100美元／0.05＝2,000美元）。

如果市場利率上升到10%，該債券價值又會如何變化？直接代入前面的公式，則該債券價值就會下跌，變成1,000美元（債券價值＝年息／市場利率＝100美元／0.1＝1,000美元）。由此可見，債券價值與市場利率呈現反向關係。

也就是利率上升，債券價格就會下跌；利率下跌，則

債券價格就會上漲，大部分到期日較長的債券都是以這種方式決定價格。例如，當債券殖利率上升1%，換句話說，當債券殖利率從5.00%變成5.05%，上升1%，則該債券價格下跌1%。此外，債券殖利率對通貨膨脹相當敏感。當物價快要上漲時，利率自然就會跟著上升；而在通貨緊縮的環境下，則是利率下降，債券價格就會上漲。

　　只投資國內債券的策略並不恰當，所以如同前面提到的，透過美元等已開發國家資產的配置，應該就能突破或許可能發生的國內資產價格同時下跌局面。在「更進一步」專欄中，會以在韓國股票市場都能輕鬆購買的ETF，詳加了解跟著日本政府養老金投資基金的投資方法。

更 進 一 步

保守型投資人的可能選擇

為符合韓國的實際情況,將日本政府養老金投資基金的資產配置策略加以規劃如下。日本政府養老金投資基金的投資組合其實和韓國國民年金基金的資產配置策略很類似,不過構成的比例差異極大,該基金採取日本股票占15.9%、海外股票占15%、日本債券占53.4%,以及海外債券與短期資金分別投資10.7%和5.0%。

日本政府養老金投資基金的資產配置vs.被動式投資組合

日本政府養老金投資基金		適合韓國人的被動式投資組合		
類別	分配比例*	類別	比例	推薦ETF
日本債券	53.4%	韓國債券	53.4%	KOSEF 10年期公債
海外債券	10.7%	海外債券	10.7%	TIGER美國債券期貨(10年期)
日本股票	15.9%	韓國股票	15.9%	TIGER 200
海外股票	15.0%	海外股票	15.0%	KODEX已開發國家MSCI World
短期資產	5.0%	短期資產	5.0%	KODEX短期債券

> 想嘗試日本政府養老金投資基金投資組合的人,只要購買推薦比例的ETF即可。

● 此處的分配比例是 2013 年的分配比例。

跟著日本政府養老金投資基金依樣畫葫蘆

接著了解一下保守型投資人，可以跟著日本政府養老金投資基金投資的方法。日本政府養老金投資基金有54.3%投資日本債券，在我們的投資組合中，是將此投資比例放在投資韓國公債的「KOSEF 10年期公債」ETF上；海外債券則是推薦「TIGER美國債券期貨（10年期）」；以投資韓國股票市場的「TIGER 200」取代日本股票；以韓國的「KODEX已開發國家MSCI World」ETF取代海外股票，購買適當的比例即可；短期資產則推薦「KODEX短期債券」ETF。

如果按照日本政府養老金投資基金的資產配置策

2001年以來日本國民年金被動式投資組合與相關ETF的成果

(2001年1月=100)

於2010年至2019年進行投資，一年的報酬率應該是5.8%。即便將投資期間往前拉到2001年至2019年，年平均報酬率6.3%也是不錯的成果。

日本政府養老金投資基金的另一個優勢

日本政府養老金投資基金資產配置具備的優勢，不只是穩定的績效，還有報酬率的波動性非常低，投資組合的年波動性為4.7%。以複製韓國國民年金基金資產配置投資組合的年波動性為6.1%來說，可見日本政府養老金投資基金的投資組合有多麼穩定。

日本政府養老金投資基金被動式投資組合的獲利率與風險

2001.1~ 2019.12	KOSEF 10年期 公債	TIGER美國債券 期貨 (10年期)	TIGER 200	KODEX已開 發國家MSCI World	KOSEF 短期基金	投資組合
期間報酬率	108%	78%	165%	62%	62%	115%
年報酬率	6%	4%	9%	3%	3%	6.3%
年波動性	7%	13%	20%	13%	0%	4.7%
最大跌幅	10%	27%	46%	43%	0%	7%

> 年波動性與最大跌幅小，穩定性卓越。

由此可見，日本政府養老金投資基金的資產配置策略，較適合傾向追求穩定的投資人，而且萬一發生通貨緊縮，公債部分的投資比例高達65%，因此獲利率暴跌的風險很低。

後記 | 持續低利率局勢下，不妨提高風險資產投資

2019年消費者物價指數「負成長」事件，是我決定執筆撰寫本書的原因。基本上，每一次消費者物價重編時，以前的預測值也會下修，即使消費者物價上漲率有2%，幾年後確切值都還是不到1%或跌到一半，所以即便只是一時之間，消費者物價指數居然是負成長！這不就是經濟暴露於通貨緊縮危險的信號嗎？

可是韓國的意見領袖似乎不太關心這個問題，我試著透過如報紙專欄或YouTube影片主張：「應該展開積極貨幣政策和財政政策，預防通貨緊縮危機。」然而，卻未能得到任何回應，甚至在某次聚會中，還聽到有人說：「發生通貨緊縮有什麼好擔心的，有必要這麼緊張嗎？」當下我發現應該再想想其他的辦法。

於是我決定撰寫一本關於詳盡解說通貨緊縮發生，可能會造成的問題，以及有哪些因素會誘發通貨緊縮的書籍。而且有家出版社從很久以前就邀請我出書，因此就更沒有理由繼續拖延了。2019年11月在倫敦時，我已經完成大部分的內容，返回韓國後再增補關於新冠肺炎事件的內容，然後本書才終於呈現在讀者面前。

撰寫本書的時間不長，但是我自認內容應該不算粗淺。我努力以事實為例說明，從事YouTube活動的同時，有一年半的時間大量參考數百篇海外的論文和報告，也都是促成本書出版的極大助力。

最後，我想再強調的是，「為了消除通貨緊縮的危險，未來還需要繼續努力，請大家也要持續關注股票或不動產等風險資產。」

當然，我們無法否認政府當局在努力想要消除通貨緊縮的壓力之餘，最後可能會以失敗收場的風險，當這樣的可能性提高時，讀者可能會需要考慮轉換成第10章介紹的「穩定型投資組合」。只不過有別於過去經過無數人努力，促成如今對通貨緊縮危機的認知與因應的準備，很希望不要真的發生通貨緊縮狀況。因此在結尾之際，祝福正在閱讀本書的讀者都有幸福家庭。

新商業周刊叢書　BW0753

後疫情時代的經濟走向與投資策略
當通貨緊縮步步逼近，如何布局才能兼顧穩定與收益？

原 文 書 名／디플레 전쟁
作　　　者／洪椿旭（홍춘욱）
譯　　　者／徐若英
企 劃 選 書／黃鈺雯
責 任 編 輯／黃鈺雯
編 輯 協 力／蘇淑君
版　　　權／黃淑敏、吳亭儀
行 銷 業 務／周佑潔、林秀津、黃崇華、王瑜

總　編　輯／陳美靜
總　經　理／彭之琬
事業群總經理／黃淑貞
發　行　人／何飛鵬
法 律 顧 問／台英國際商務法律事務所
出　　　版／商周出版　臺北市中山區民生東路二段141號9樓
　　　　　　電話：(02)2500-7008　傳真：(02)2500-7759
　　　　　　E-mail：bwp.service@cite.com.tw
發　　　行／英屬蓋曼群島商家庭傳媒股份有限公司　城邦分公司
　　　　　　台北市104民生東路二段141號2樓
　　　　　　電話：(02)2500-0888　傳真：(02)2500-1938
　　　　　　讀者服務專線：0800-020-299　24小時傳真服務：(02)2517-0999
　　　　　　讀者服務信箱：service@readingclub.com.tw
　　　　　　劃撥帳號：19833503
　　　　　　戶名：英屬蓋曼群島商家庭傳媒股份有限公司城邦分公司
香港發行所／城邦(香港)出版集團有限公司
　　　　　　香港灣仔駱克道193號東超商業中心1樓
　　　　　　電話：(825)2508-6231　傳真：(852)2578-9337
　　　　　　E-mail：hkcite@biznetvigator.com
馬新發行所／城邦(馬新)出版集團
　　　　　　Cite (M) Sdn Bhd
　　　　　　41, Jalan Radin Anum, Bandar Baru Sri Petaling,
　　　　　　57000 Kuala Lumpur, Malaysia.
　　　　　　電話：(603)9057-8822　傳真：(603)9057-6622　email: cite@cite.com.my

封 面 設 計／葉馥儀　　內文設計暨排版／無私設計・洪偉傑　　印　　刷／韋懋實業有限公司
經　銷　商／聯合發行股份有限公司　電話：(02)2917-8022　傳真：(02) 2911-0053
　　　　　　地址：新北市231新店區寶橋路235巷6弄6號2樓

國家圖書館出版品預行編目(CIP)數據

後疫情時代的經濟走向與投資策略：當通貨緊縮步
步逼近,如何布局才能兼顧穩定與收益？／洪椿旭
(홍춘욱)著；徐若英譯. -- 初版. -- 臺北市：商周出
版：家庭傳媒城邦分公司發行, 民109.11
　面；　公分. --（新商業周刊叢書；BW0753)
譯自：디플레 전쟁
ISBN 978-986-477-929-1(平裝)

1.國際經濟 2.經濟發展

552.15　　　　　　　　　　　　109014979

ISBN／978-986-477-929-1　　版權所有・翻印必究（ Printed in Taiwan ）
定價／400元

城邦讀書花園
www.cite.com.tw